깜짝 놀랐지?
신기하고 재미있는
식물도감

INOCHI NO FUSHIGI GA OMOSHIROI! SUGOI SHOKUBUTSUZUKAN
Supervised by Hidehiro Inagaki
Illustrated by Menma Kani
Copyright ⓒ Live, 2021
All rights reserved.
Original Japanese edition published by KANZEN CORP.
Korean translation copyright ⓒ 2023 by Cassiopeia Publishing Company
This Korean edition published by arrangement with KANZEN CORP., Tokyo,
through HonnoKizuna, Inc., Tokyo, and AMO AGENCY, KOREA

이 책의 한국어판 저작권은 AMO 에이전시를 통해 저작권자와
독점 계약한 카시오페아에 있습니다.
저작권법에 의해 한국 내에서 보호를 받는 저작물이므로
무단 전재와 무단 복제를 금합니다.

이나가키 히데히로 감수 | 가니 멤마 그림 | 심수정 옮김

정말정말 대단한 식물들!

식물은 잘 움직이지 않아서 재미가 없다고 생각하시는 분들도 계실 거예요. 그렇지만 이 세상에는 어마어마하게 뛰어난 능력을 갖춘 식물들도 있답니다. 우선 몇 가지만 소개해 드릴게요.

곤충이나 동물과 공생해요

식물이니까 빛과 흙에서 영양분을 얻어요

일광욕 전문가
칡 ▶ P.100

광합성에 안성맞춤
족도리풀 ▶ P.34

동물이나 곤충을 먹어 치운다고라?!

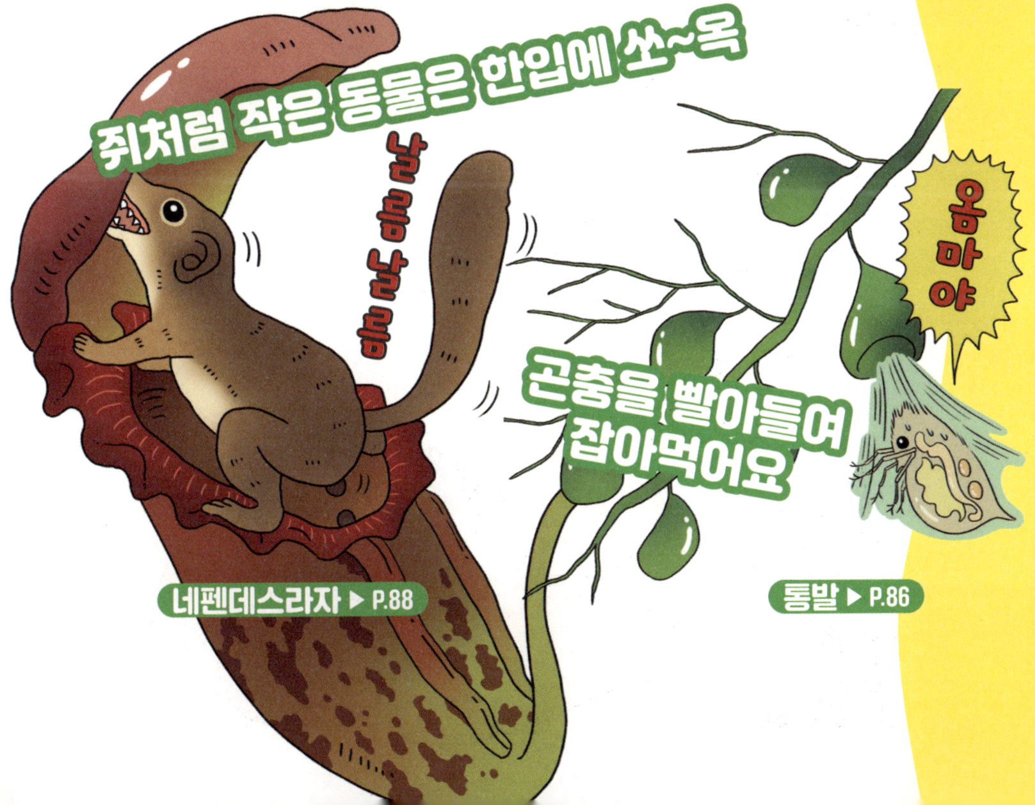

쥐처럼 작은 동물은 한입에 쏘~옥

날름날름

곤충을 빨아들여 잡아먹어요

옴마야

네펜데스라자 ▶ P.88

통발 ▶ P.86

늘 보는데도 아리송한가요?

우리가 밖에 나가서 만나는 것 중 열의 아홉은 식물일 거예요. 하지만 누가 '식물이 뭐죠?'하고 묻는다면 선뜻 대답하기 어렵지요. 우리와 정말 가까운 존재인데도 수수께끼처럼 느껴지기도 하고요. 하지만 사람이나 동물과 정반대로 '움직이지 않는다'라는 큰 차이점이 있어요. 그래서 식물들은 주어진 환경에서 몸집을 불리거나 색을 바꾸는 등 겉모습을 변화시키고 곤충, 동물을 이용하면서 살아가고 있어요.

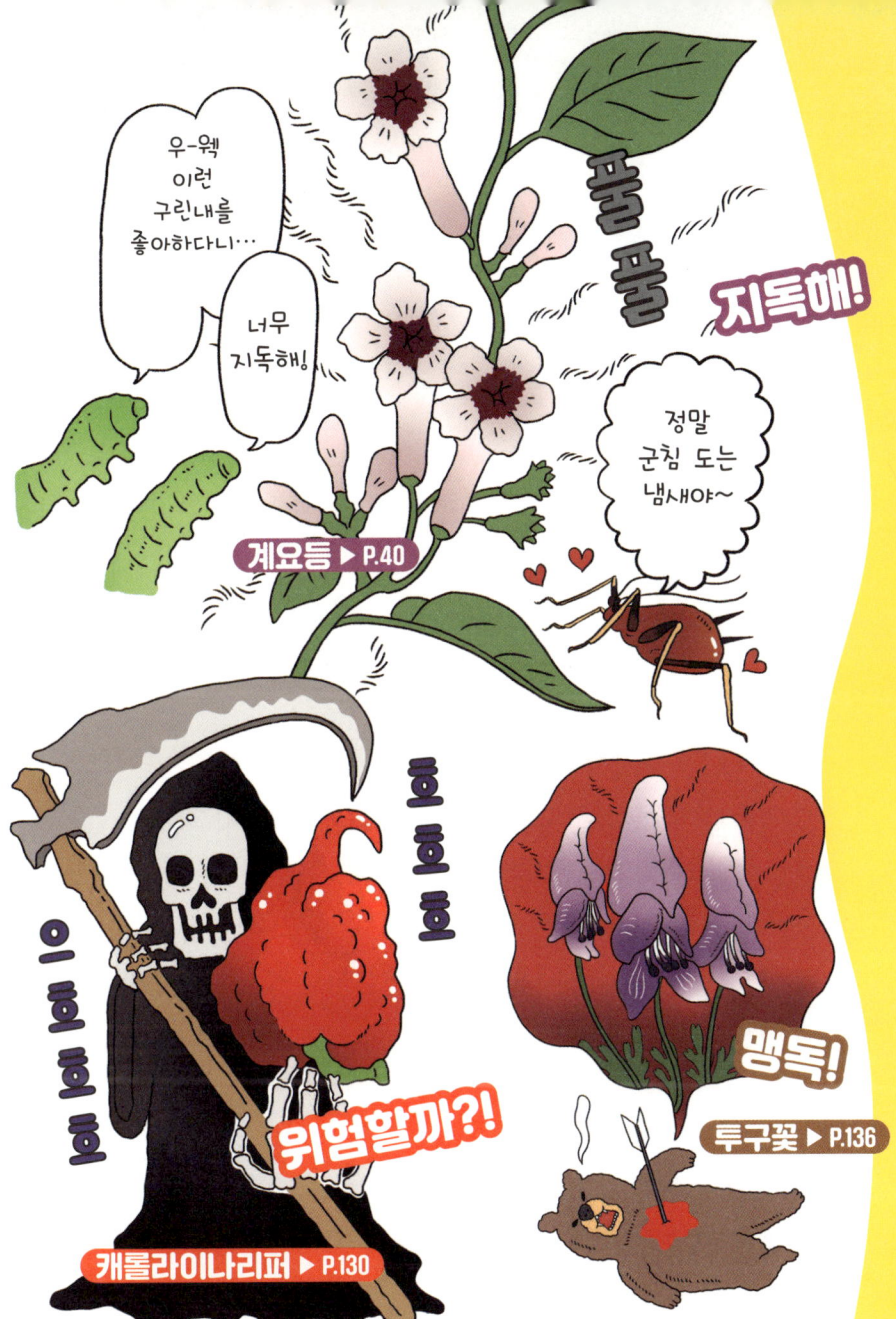

어마어마한 식물들의 세계로 출~발~!

식물은 종류가 수천수만 가지도 넘으며, 환경에 맞게끔 필요한 능력을 갖추어 살아갑니다. 그중에는 우리가 상상도 못 할 만큼 놀라운 방법으로 살아가는 식물도 있답니다. 자, 이제부터 신기하고 엄청난 능력자 식물들을 만나러 떠나 볼까요?

차례

정말정말 대단한 식물들 · 4
이 책을 즐기는 방법 · 14

제1장 정말 신기한 식물들

수학 요소로 가득한 **로마네스코브로콜리** · 16
맨드레이크는 정말로 '비명'을 지를까? · 18
파리는 **반하**에게 반하나 안 반하나 · 20
암꽃 **천남성**은 파리에게 끔찍한 짓을 저지르는 식물이래 · 22
자운영은 꿀벌 전용 음료 판매기 · 24
극한 지대에 피는 솜털 꽃 **사우스레아고시피포라** · 26
레움노빌레는 고산 지대의 온실 · 28
새들에게 인기를 얻으려고 화려해진 **히비스커스** · 30
베고니아파보니나 잎은 어둠 속에서 푸르게 빛난다 · 32
하트 모양이 예쁜 **족도리풀** 잎은 자기 할 일도 척척! · 34
100만 달러짜리 잡초 **부레옥잠** · 36
독 때문에 이용만 당하는 **쥐방울덩굴** · 38
이름에서도 냄새나는 **계요등** · 40
타이탄아룸은 땅 위에 우뚝 선 꽃을 피운다 · 42
세계에서 가장 큰 꽃 **자이언트라플레시아**는 잎도 뿌리도 없다 · 44
귤 알맹이의 실체가 거의 '털'이었다고? · 46

사막의 눈알 괴물, **스웨인소나포르모사** · 48
신비롭고 기괴한 **검은박쥐꽃** · 50
휘파람가시나무와 개미는 어떤 관계일까? · 52
선인장은 일부러 건조한 곳에 산다 · 54
사람을 이용하여 번식하는 **질경이** · 56
가는살갈퀴를 둘러싼 삼각관계 · 58
식충 식물인 **네펜데스앰퓰라리아**는 벌레를 보호해 준다! · 60
Q&A 식물은 무엇일까요? · 62

제2장 정말 놀라운 식물들

15m까지 자라는 거대한 국화과 나무 **스칼레시아** · 64
악마의발톱은 사자를 쓰러트린다 · 66
알소미트라마크로카르파의 씨는 비행기처럼 하늘을 난다 · 68
스쿼팅오이는 이름 그대로 씨를 내뿜는다 · 70
가짜 모형 같은 수수께끼 식물 **야레타** · 72
울레미소나무는 식물판 '살아 있는 화석'이다 · 74
땅귀개샌더소니는 토끼처럼 귀여운 꽃을 피우지만 식충 식물이다 · 76
양미역취는 무시무시한 화학 무기를 쓴다 · 78
악마와 계약을 맺은 **독보리** · 80
해머오키드는 암벌 흉내로 수벌을 꾄다 · 82
알맹이가 색색으로 아롱지는 **유리보석옥수수** · 84
통발은 먹이를 훅 빨아들여 잡아먹는다 · 86

세계에서 가장 큰 식충 식물 **네펜데스라자** · 88

눈에 잘 띄지 않을 만큼 작은 식충 식물 **미누티시마** · 90

리톱스는 조약돌 흉내를 낸다 · 92

칼란드리니아는 사막에 꽃밭을 이룬다 · 94

벌레만 딱 가려 잡는 사냥꾼 **파리지옥** · 96

소크라테아엑소리자는 수없이 많은 다리로 걷는다 · 98

알고 보면 굉장히 똑똑한 **칡** · 100

미모사는 자기 몸을 지키려고 고개를 숙인다 · 102

`Q&A` 어디가 어떻게 다른 걸까? · 104

제3장 정말 재있는 식물들

시클라멘의 별명은 군침 도는 '돼지 빵' · 106

큰개불알풀은 열매 생김새를 딴 이름이다 · 108

털별꽃아재비는 안타깝게도 쓰레기장에서 처음 발견됐다 · 110

무섭기로는 으뜸가는 이름 **산뱀딸기** · 112

이름과 특징이 딱 들어맞는 **말똥비름** · 114

토마토는 채소일까 과일일까? · 116

품종 개량된 **무** 때문에 욕이 된 '무 다리' · 118

이엽시과나무의 열매는 헬리콥터처럼 하늘을 난다?! · 120

양배추는 경호원을 써서 몸을 지킨다 · 122

나도 모르게 입 맞추고 싶어지는 **사이코트리아엘라타** · 124

세계에서 가장 나이 많은 생물 **강털소나무** · 126

세계에서 가장 키가 큰 나무 **세쿼이아** · 128

세계에서 가장 매운 고추 **캐롤라이나리퍼** · 130

세계에서 가장 큰 콩 **음양자** · 132

네잎클로버의 아픈 과거를 아시나요 · 134

투구꽃의 맹독에는 불곰도 한 방에 쓰러진다 · 136

수국과 달팽이는 사실 사이가 별로 안 좋다?! · 138

단풍나무는 잎이 쓸모가 없어지면 색을 물들여 떨어트린다 · 140

수박은 멋져 보이려고 줄무늬 옷을 입었다 · 142

잡귀를 쫓고 악마를 막는 최강 액막이 식물, **호랑가시나무** · 144

대나무는 뿌리로 길게 이어진 하나의 커다란 생물이다 · 146

장미에게 가시가 생긴 이유 · 148

시계꽃은 나비를 속여 몸을 지킨다 · 150

딸기의 빨간 부분은 가짜 열매이다 · 152

상처를 아물게 도와주는 **피막이** · 154

수선화는 정말 자신과 사랑에 빠진 '나르시시스트'일까? · 156

코스모스는 우주와 관련된 이름이다 · 158

도움받은 책 · 160

찾아보기 · 161

이 책을 즐기는 방법

① 제목에는 식물의 이름과 특징을 중심으로 식물의 개성을 나타냈어요. 그리고 내용에 따라 '신기한 이야기', '재밌는 이야기', '이상한 이야기'로 나누었답니다.

② 식물 그림이에요. 독자가 알기 쉽도록 일부러 강조해서 표현한 곳도 있어요.

③ 식물에 어떤 특징이 있는지 등을 하나하나 풀어 두었어요.

④ 식물에 관한 여러 가지 정보예요. 이름, 크기, 비슷한 식물을 적어 놓았어요. 지도에서 별 표시를 찾아보면 식물이 사는 곳도 알 수 있어요.

⑤ 식물이 외치는 마음의 소리예요. 혹시라도 식물이 말을 한다면 우리에게 들려주고 싶어 할 이야기를 담아 보았어요.

제 1 장

정말
신기한 식물들

순식간에 온통
부레옥잠 세상

신기한 이야기

수학 요소로 가득한
로마네스코브로콜리

빙글빙글 돋아난 원뿔을 따라, 뱅글뱅글 도는
수학의 세계로 떠나요!

세계에서 가장 아름다운 이탈리아 채소

타고난 생김새가 원래 이렇답니다~

이과 지수
100

제1장

정말 신기한 식물들 [신기한 이야기 / 로마네스코브로콜리]

미적 감각을 지닌 대자연 속 수학자

우리가 가게에서 자주 보는 브로콜리의 친척! 누군지 아시나요? 바로 로마네스코브로콜리입니다. 올록볼록 솟은 삼각 원뿔 모양의 봉오리들로 이루어져 있지요. 이 삼각 원뿔을 잘 살펴보면 안에 똑같이 생긴 원뿔들이 들어 있고 그 안에 또 원뿔이 들어가 있어요. 이처럼 같은 구조가 끝없이 되풀이되는 모양을 '프랙털(Fractal)'이라고 합니다.

이 삼각 원뿔에는 비밀이 하나 더 있답니다. 원뿔을 자세히 들여다보면 뾰족한 돌기가 가운데부터 소용돌이치며 퍼져 나가는데, 이 배열은 우리가 수학에서 '피보나치수열(Fibonacci sequence)'이라고 부르는 규칙과 똑같아요.

원뿔이 도는 방향은 다를 수도 있지만, 돌기가 늘어나는 방식만큼은 피보나치수열을 반드시 따르지요. 피보나치수열은 수가 커질수록 인간이 아름답다고 느끼는 비율인 '황금비'를 이룹니다. 어쩌면 로마네스코브로콜리의 독특한 생김새는 수학적 아름다움으로 빚어진 것인지도 모르겠네요.

이름	로마네스코브로콜리(배추과)
크기	키 40~50cm
사촌인 식물	콜리플라워, 양배추 등

사는 곳: 유럽, 한국, 일본에서 재배

마음의 소리

어미씨더러 신입이라니?

내가 식용으로 대량 재배되기 시작한 건 1990년대 들어서야. 얼마 안 되었지? 그런데 내가 개량되어서 브로콜리와 콜리플라워가 생겼을지도 모른다네. 뭐 내가 어미씨라는거지. 그래도 식탁에서는 신입인데 너무 선배티를 낸 건 아닌지 몰라.

17

제1장

정말 신기한 식물들 [신기한 이야기 / 맨드레이크]

역사가 깃든 식물이지만 정체는 아직도 수수께끼

'맨드레이크'나 '만드라고라'라는 말을 들으면 가장 먼저 무엇이 떠오르나요? 아무래도 괴물, 마법의 약, 괴상한 소리를 지르는 사람 모습의 뿌리라는 대답이 많지 않을까 싶은데요.

==맨드레이크는 실제로 존재하는 가짓과 식물입니다.== 전설에 따르면 수그루는 봄에 자줏빛이 도는 갈색 수꽃을 피우고, 암그루는 가을에 연보랏빛 암꽃을 피운다고 해요. 독이 있지만 옛날에는 진통제로 쓰였다고도 합니다. 맨드레이크에 얽힌 이야기는 아주 많지만, '식물'로서 남아 있는 자료는 별로 없습니다. ==재배하기가 무척이나 까다롭기 때문이지요.== 전해지는 이야기 중에서는 '뿌리가 뽑히면 비명을 지르는데, 그 소리를 들으면 죽는다'라는 속설이 가장 유명할 거예요. 이 이야기는 ==희귀한 맨드레이크를 함부로 캐내지 못하도록 마녀들이 꾸며 낸 거짓말==이라고 합니다.

이름	맨드레이크(가짓과)
크기	뿌리 길이 최대 45cm
사촌인 식물	토마토, 피망 등

| 사는 곳 | 지중해 주변~중국 서부 |

마음의 소리

내가 말이야! 사랑의 약초!

내가 구약 성서에서는 '사랑의 가지', 고대 이집트에서는 '사랑의 묘약'으로 불렸는데 말이지…. 지금은 사람을 죽이는 괴기 식물 신세가 되고 말았어.
저기요, 중세 시대에 살았던 마녀와 마법사 여러분, 아무리 우리를 지키려고 낸 소문이라지만 이쪽은 손해가 커도 너~무 크다고요!

신기한 이야기

파리는 반하에게 반하나 안 반하나

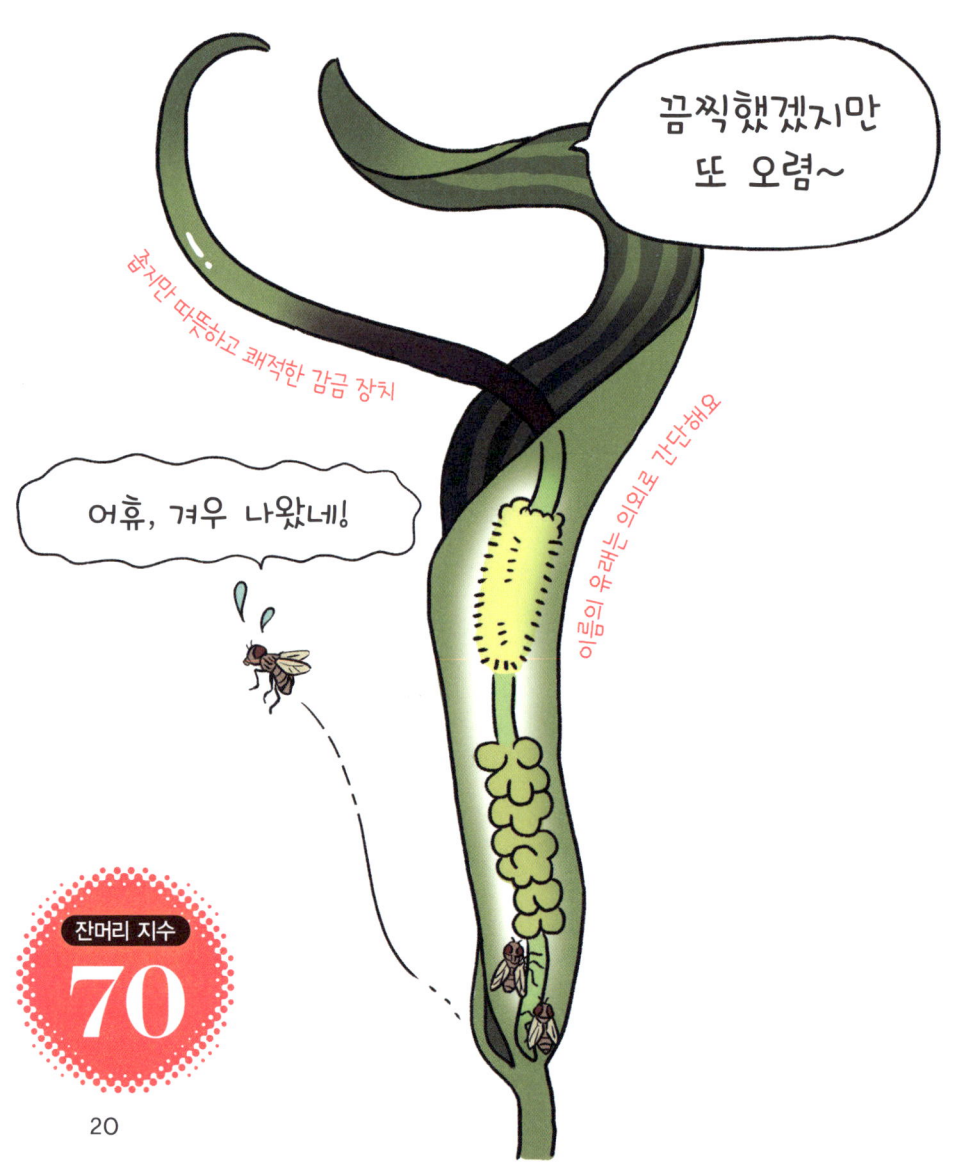

잔머리 지수
70

제1장

정말 신기한 식물들 [신기한 이야기 / 반하]

꽃이 똑똑한 건지 파리가 잘 속는 건지

여름이 절반 정도 지났을 무렵 꽃이 핀다고 하여 반하(半夏)라고 불리는 이 식물은 손잡이가 달린 가늘고 긴 원통 모양의 꽃을 피웁니다. 반하는 꽃처럼 보이지만 정확히는 잎이 변해 만들어진 포엽(苞葉)이라고 부르는 기관 속에 자그마한 수꽃과 암꽃이 함께 피어 있어요.

꽃을 숨겨둔 식물이라니 조금 이상하게 들리겠지만, 바로 이것이 반하의 '전략'이랍니다. 반하는 파리가 좋아하는 썩은 고기 냄새를 풍겨서 가늘고 긴 꽃 속으로 파리를 끌어들입니다. 하지만 나갈 때는 파리 마음대로 나가기 어렵습니다. 입구에는 특수한 장치가 있어 안으로 들어갈 때만 문이 열리기 때문이지요. 죽기 살기로 날뛰는 파리가 과연 살아남을 수 있을까요? 실은 반하가 파리를 가둘 때는 암꽃만 핀 상태랍니다. 수꽃은 암꽃이 피고 난 후 며칠이 지나 피는데 이때 포엽 아래쪽에 틈이 살짝 벌어지지요. 그리고 파리는 살짝 벌어진 그 틈새를 비집고 나와 탈출합니다. 이때 파리의 몸에는 꽃가루가 잔뜩 묻어있어요. 하지만 파리는 또 언제 갇혔냐는 듯 반하 속으로 들어갑니다.

이름	반하(천남성과)
크기	꽃줄기 길이 20~40cm / 작은 잎 길이 5~11cm
사촌인 식물	천남성, 앉은부채 등
사는 곳	한국, 일본, 중국

마음의 소리

파리의 안전이 최고입니다

성질 고약한 식물처럼 보이지만 난 그저 따끈한 방에 파리를 며칠 묵게 했을 뿐이야! 꽃가루를 옮겨 주는 손님인데 귀하게 모셔야 하지 않겠어? 뒤에 나올 '천남성'에 비하면 나는 완전 양반이라고!

신기한 이야기

암꽃 천남성은 파리에게 끔찍한 짓을 저지르는 식물이래

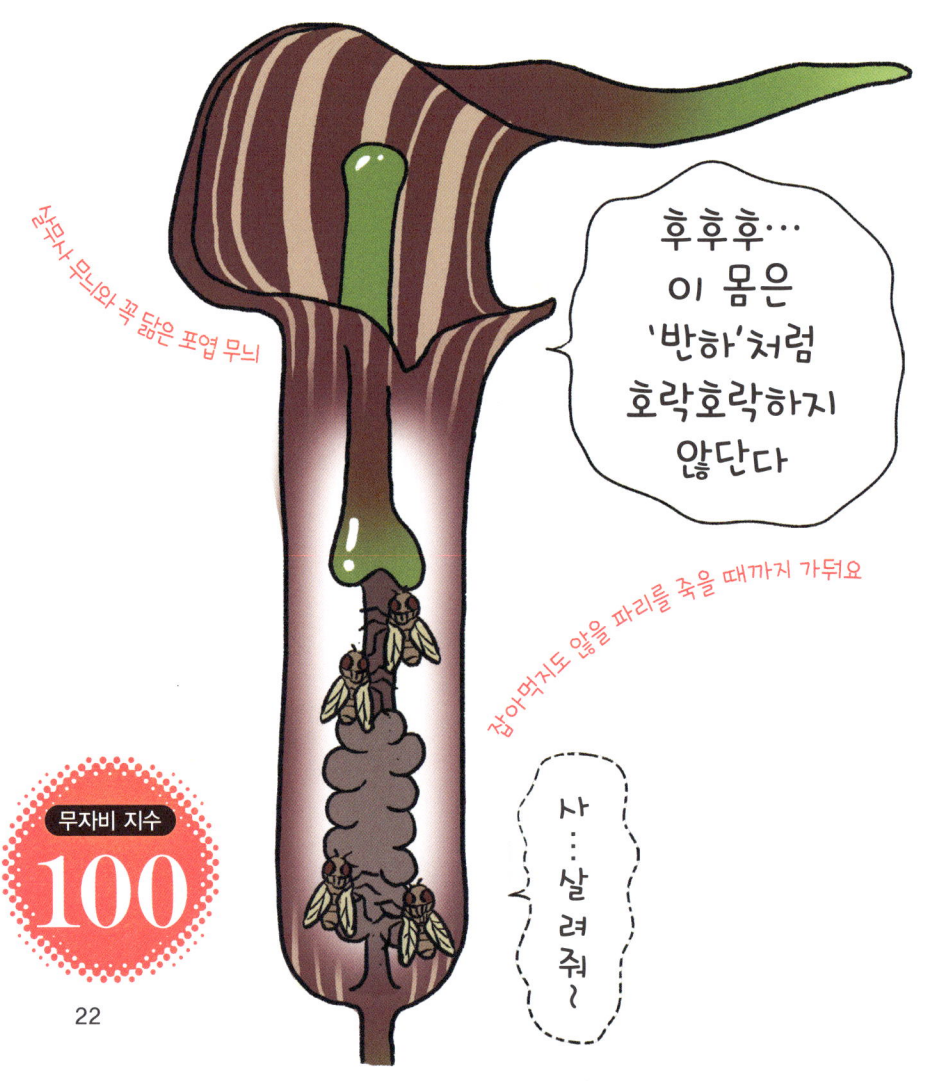

수꽃은 놓아줘도 암꽃은 놓아주지 않는다

　천남성은 앞서 소개한 '반하'처럼 천남성과에 속하며, 여러모로 반하와 비슷한 식물입니다. 천남성의 꽃은 반하보다 크기도 조금 더 크고, 모습도 머리를 치켜든 뱀을 닮았어요. 그래서 천남성을 한자어로 사두초(蛇頭草)라고도 하지요. 말처럼 천남성 암꽃은 뱀처럼 보이기도 하지만 반하보다 훨씬 성격이 더럽답니다.

　천남성은 암꽃과 수꽃이 다른 그루에서 피는 암수딴그루 식물로, 같은 꽃 안에서는 씨를 만들 수가 없습니다. 그래서 암꽃과 수꽃 모두 고기 썩은 내를 풍겨 파리를 끌어모으지요. 수꽃에는 아래쪽에 틈새가 있어 꽃 위로 들어간 파리가 무사히 나올 수 있지만, 문제는 바로 암꽃입니다. 수꽃에서 꽃가루를 담뿍 묻힌 파리가 암꽃에 들어갔다가 빠져나오려 해도, 암꽃에는 나가는 문이 없기 때문이지요. 파리가 수술의 꽃가루를 암술머리에 옮겨 준 덕택에 꽃가루받이도 무사히 마쳤으니 그냥 살려 주면 좋을 텐데 말입니다….

이름	천남성(천남성과)
크기	키 30~50cm
사촌인 식물	반하, 곤약 등

사는 곳　한국, 일본

마음의 소리
부처님이랑도 닮았어
우리 천남성과 꽃에는 '포엽'이 있는데, 포엽 속 꽃이 빛으로 감싸인 불상과 닮아서 '불염포(佛焰苞)'라고도 불러.

부처님을 감싸는 빛인 '광배(光背)'는 이렇게 생겼어.

신기한 이야기

자운영은 꿀벌 전용 음료 판매기

제1장

정말 신기한 식물들 [신기한 이야기 / 자운영]

문이 열리네요 꿀벌이 들어오죠

자운영은 쭉 뻗은 줄기 끝에 작은 등불 모양으로 생긴 둥그스름한 꽃을 피웁니다. 한 송이처럼 보이지만, 실은 줄기 끝에 7~10개가량의 작은 꽃이 모여 있어요. 꽃이 사방으로 펼쳐지듯 달린 데다가 한 송이당 꽃잎도 5장씩 달려 있어 암술과 수술은커녕 꿀이 어디 있는지 알기도 쉽지 않지요. 그런데 이런 생김새에는 다 이유가 있어요. 바로 암술과 수술, 꿀을 감추기 위해서랍니다.

그런데 신기하게도 자운영은 꿀벌에게만 꿀을 내주는 성질이 있어요. 꿀벌은 사발 모양으로 퍼진 위쪽 꽃잎으로 곧장 날아온 뒤, 배 앞머리처럼 튀어나온 곳의 아래쪽 꽃잎에 올라탑니다. 그러면 꿀벌 무게에 눌린 꽃잎이 아래로 내려가면서 안쪽에서 암술과 수술이 뽕! 하고 튀어나오지요. 이때 자운영은 꿀벌 몸에 꽃가루를 묻히거나 꿀벌이 날라 온 꽃가루로 가루받이를 합니다. 말 그대로 완벽한 '꿀벌만을 위한 꽃'입니다.

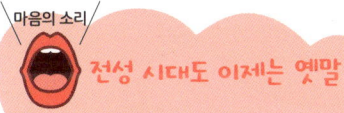

이제는 추억이 된 그리운 옛 들녘 풍경.

신기한 이야기

극한 지대에 피는 솜털 꽃
사우스레아고시피포라

제1장

정말 신기한 식물들 [신기한 이야기 / 사우스레아고시피포라]

눈이 녹아야 나타나는 눈 뭉치 같은 솜털 식물

 기온이 아주 낮은 곳에 사는 동물은 두꺼운 지방층이나 털로 체온을 유지하고, 인간도 옷을 따뜻하게 겹쳐 입어 체온을 유지합니다. 물론 식물도 추위를 막는 방어막이 있어요.

 그중에서도 사우스레아고시피포라는 여름에도 눈이 흩날리는 히말라야 고산 지대(해발 2,000m 이상의 높은 산)에 사는 식물입니다. 추위에서 살아남기 위해 잎에 솜털을 내어 몸을 포근하게 감싸지요. 사우스레아고시피포라가 입은 털옷 안은 바깥 온도보다 10도에서 15도나 높아 주변에 사는 작은 벌레들에게 아주 고마운 보금자리가 되어 준답니다.

 사우스레아고시피포라는 머리꼭지에 뚫린 작은 구멍으로 벌레들을 꾀어내기도 해요. 벌레가 들어오면 솜털 옷 안에 핀 꽃의 꽃가루를 묻혀 옮기게 하지요. 그리고 눈처럼 새하얀 솜털은 쌓인 눈이 녹는 여름, 그중에서도 꽃이 피는 아주 짧은 기간에만 볼 수 있습니다. 여름에 스웨터를 입는 모습이 어색하기도 하지만 눈이 쌓이지 않는 계절이라 오히려 돋보이기도 하죠.

이름	사우스레아고시피포라(국화과)
크기	키 10~20cm
사촌인 식물	코스모스, 민들레 등

사는 곳: 히말라야 산맥

마음의 소리

뾰족하지만 아프지 않아!

톱니처럼 생긴 잎 때문에 엉겅퀴로 오해받을 때가 많아서 좀 속상해. 같은 국화과인 데다가 엉겅퀴 꽃도 솜털처럼 보송보송하니 닮긴 닮았지만, 우리는 잎이 엉겅퀴잎처럼 뻣뻣하지 않고 가시도 없어서 하나도 안 아파! 그러니 마음 놓고 만져도 된단다.

고산 지대에 우뚝 솟은 매력 만점의 탑

레움노빌레는 앞서 소개한 '사우스레아고시피포라'가 사는 히말라야 산맥에서 4,000m 더 높은 곳에 사는 식물입니다. 해마다 줄기와 잎이 다시 살아나는 여러해살이풀이지요. 사우스레아고시피포라는 체온 유지를 위해 스웨터를 입지만, 레움노빌레는 한술 더 떠서 무려 '온실'을 만들어 체온을 유지한답니다.

꽃을 피울 시기가 되면 잎 하나의 크기가 1~2m가 넘는 탑으로 변해 잎 더미 속에서 온실을 만드는 것이지요. 또 레움노빌레는 고산 지대에서 가장 큰 식물로도 알려져 있어요. 잎사귀를 하나씩 자세히 보면 꼭 양배추처럼 생겼는데, 위로 갈수록 반투명에 가까운 하얀 잎이 달려 있어요. 이 잎으로 강한 자외선은 막고 햇빛은 받아 들이는데, 이때 안쪽 온도가 바깥보다 5~10도가량 올라갑니다. 탑 안에는 자그마한 꽃들이 무리 지어 피어 있고, 벌레가 들어와 꽃가루받이를 도와줍니다. 이처럼 높고 추운 산에 사는 식물은 꽃의 향기나 색 대신에 '열기'로 벌레를 모아 꽃가루받이를 한답니다.

이름	레움노빌레(마디풀과)
크기	키 1~2m
사촌인 식물	메밀, 여뀌 등

사는 곳: 히말라야 산맥

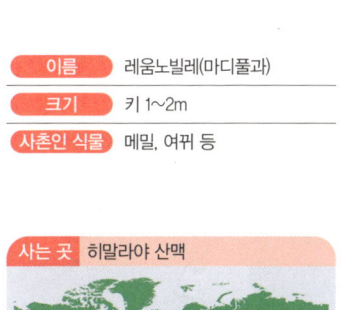

마음의 소리

고귀한 '대황'

나는 일본에서 키가 크다는 이유로 '키다리 대황'이라고 불리기도 해. 하지만 난 '레움노빌레'라는 이름이 더 좋아. 왜냐하면 '고귀한 대황'이라는 뜻이 참 멋지잖아. 그리고 레이스가 잔뜩 달린 드레스의 모습이 나랑 잘 어울리기도 하고 말이야.

신기한 이야기

새들에게 인기를 얻으려고 화려해진
히비스커스

하늘에서도 한눈에 띄도록 더 크고 더 화려하게!
한국에도 새가 좋아하는 붉은색 겨울꽃이 있어요

정말 신기한 식물들 [신기한 이야기 / 히비스커스]

제1장

새들의 눈길을 끌기 위해 한껏 꾸민 꽃

　히비스커스는 꽃잎의 색이 진하고 꽃 자체가 큼지막하다는 특징을 가지고 있습니다. 다른 지대에 사는 꽃과 비교하면 암술과 수술도 길고 두툼하며, 꽃잎 밖으로 튀어나와 있는 경우도 많아요. 늘 여름인 남쪽 나라에 딱 맞는 화려한 꽃이지만, 이렇게 화려한 데는 다 이유가 있답니다.

　히비스커스처럼 화려한 꽃을 '조매화(鳥媒花)'라고 하는데, 조매화는 곤충이 아니라 새의 도움으로 꽃가루받이를 합니다. 따뜻한 남쪽 나라에는 꽃가루를 옮겨 줄 곤충이 많지 않기 때문이지요. 조매화는 색이 선명하고 새의 무게에도 잘 버티는 구조로 이루어져 있습니다. 빨갛거나 노란 꽃이 많은 이유도 잘 익은 나무 열매처럼 보여 새들을 불러들이기 위해서랍니다. 꽃 속의 꿀 역시 대용량이지만, 맛과 향기는 옅은 편이에요.

　참고로 한국에도 벌레가 적은 겨울에 피는 동백꽃이라는 조매화가 있답니다.

이름	히비스커스(아욱과)
크기	키 35~150cm, 너비 25~120cm
사촌인 식물	무궁화, 부용 등
사는 곳	하와이, 남반구 섬

마음의 소리 — 나는 말이지 키도 크다고!

'히비스커스' 하면 화분에 심은 화초같지만, 야생 히비스커스는 키가 어마어마하게 크단다!

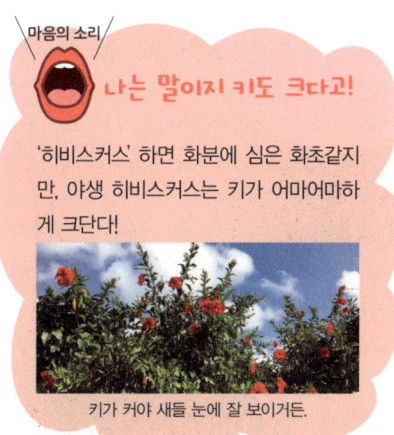

키가 커야 새들 눈에 잘 보이거든.

31

신기한 이야기

베고니아파보니나 잎은 어둠 속에서 푸르게 빛난다

아주 비싼 값에 팔리기도 해요

베고니아 중 일부 품종만 빛이 나요

힘겨울 때일수록 빛나는 법!

반짝임 지수
92

제1장

정말 신기한 식물들 [신기한 이야기 / 베고니아파보니나]

생존하기 위해 만든 특수한 엽록체

베고니아는 종류가 아주 많은 식물이에요. 어미씨만 900가지가 넘고 사람이 새로 만들어 낸 교배종만 해도 1만 5천 가지가 넘으니까요. 지금도 계속 새로운 품종(品種, 생김새나 성질로 나눈 식물의 갈래)이 나고 있을 정도랍니다. 기르기 쉽고 꽃과 잎이 예쁘기 때문에 보면서 즐기려고 가꾸는 관상 식물로 인기가 많습니다. 이 가운데 성질이 어미씨에 가까운 '베고니아파보니나'라는 식물은 잎에서 푸른빛을 낸다고 알려져 있어요.

베고니아파보니나는 주로 정글에서 사는데, 다른 식물들이 베고니아파보니나의 위를 가리고 있어 햇빛을 바로 받기가 쉽지 않습니다. 그래서 이 품종은 빛 중에서도 파장이 길고 땅까지 잘 내려오는 빨간빛, 초록빛을 많이 흡수할 수 있도록 특수한 엽록체를 만들어 냈어요. 다만 이 엽록체는 빨간빛과 초록빛에 집중한 나머지, 땅에 닿지 않는 푸른빛은 잘 받아들이지 못해요. 빛을 비췄을 때 잎이 푸르게 빛나 보이는 이유는 미처 흡수하지 못한 푸른빛을 반사하기 때문이랍니다.

이름	베고니아파고니나 (베고니아과)
크기	키 20~60cm
사촌인 식물	베고니아그랜디스
사는 곳	전 세계 아열대, 한국, 일본에서도 재배

마음의 소리: 푸른빛은 강하다는 증거

우리라고 다 빛나지는 않아. 햇빛을 얼마든지 받을 수 있는 환경에서 자라면 보통 엽록체만으로도 충분하니까 말이야. 빛을 더 많이 받으려고 노력한 베고니아만 빛을 낸단다. 푸른빛은 어둠 속에서도 강하고 꿋꿋하게 자랐다는 증거나 다름없지.

신기한 이야기

하트 모양이 예쁜 족도리풀 잎은 자기 할 일도 척척!

하트 모양 잎은 덩굴 식물에 많아요

깜찍한 겉모습뿐 아니라 구조까지 완벽앞어요!

후훗, 역시 내 계산대로군~

실용 지수 95

제1장

정말 신기한 식물들 [신기한 이야기 / 족도리풀]

치밀한 생존 기술이 오롯이 담긴 잎

우리 주변에는 하트 모양의 잎을 가진 식물들을 많이 볼 수 있습니다. 대부분의 식물들은 줄기와 이어진 잎자루 끝에 잎이 나는데, 왜 족도리풀만 **줄기가 잎 가운데에 파고든 것처럼 달려 있을까요?**

식물의 잎은 빛 에너지를 흡수해 양분을 만드는 '광합성'과 양분을 분해하여 에너지를 얻는 '호흡' 기능을 담당하고 있습니다. 대단히 중요한 기관이지요. 잎 크기가 크면 햇빛을 효율적으로 쬘 수 있지만, 너무 크면 잎을 받치는 줄기가 버티지 못합니다. 그래서 **족도리풀은 줄기를 잎 가운데 쪽으로 옮겨 무게 중심을 바꿨습니다. 그 덕에 가느다란 줄기로도 큰 잎을 잘 받칠 수 있지요.** 비가 오더라도 물방울이 잎맥을 따라 잎자루에 모인 뒤, 줄기를 따라 고스란히 뿌리까지 내려갑니다. 잎과 줄기가 빗물 홈통 역할을 하는 셈입니다.

이름	족도리풀(쥐방울덩굴과)
크기	키 10~20cm, 잎 지름 5~10cm
사촌인 식물	각시족도리풀, 금오족도리풀 등
사는 곳	우리나라 중북부 지역, 중국, 일본

마음의 소리

족'두'리풀이 아니라 족'도'리풀

꽃 모양이 신부가 머리에 쓰는 '족두리'를 닮았으니 족두리풀이라고 불러야 할 것 같지만, 정식 이름은 '족도리풀'이야. 옛날에는 족두리를 족도리라고도 했대. 생김새에서 따온 이름이기는 하지만, 글자 하나로 헷갈리게 해서 미안해.

신기한 이야기

100만 달러짜리 잡초
부레옥잠

순식간에 온통
부레옥잠 세상

민폐 지수 **100**

관상 식물로도 인기가 있어요

몸값 100만 달러짜리 환경 파괴자

겉보기와는 딴판! 울트라급 민폐 식물

　부레옥잠은 물 위에 둥둥 떠서 살아가는 수생 식물로, 송사리나 금붕어 어항에 넣어 함께 키우기도 합니다. 잎자루에 공처럼 부푼 부레가 달려 있고, 옥으로 만든 비녀처럼 예쁜 꽃을 피워 '부레옥잠'이라고 불러요. 히아신스와 똑 닮은 꽃을 피워서 '워터히아신스'라고도 하지요.

　고운 꽃을 피우고 동글동글한 부레가 달려 있어서 보기에는 귀엽지만, 알고 보면 최강 민폐 식물로 유명합니다. 어떤 환경이든 금세 적응해서 일주일이면 수가 갑절로 늘어나고, 제법 큰 강조차 눈 깜짝할 사이에 뒤덮어 버리는 번식력을 자랑하지요. 물속으로 들어오는 빛을 막아 수중 생물을 죽이기도 하고, 물 위를 지나는 배나 흐름까지 막아 버리는 무시무시한 식물입니다. 얼마나 골치를 썩이면 국제자연보전연맹(IUCN)에서 '세계 100대 악성 침입 외래종' 중 하나로 지정하기까지 할까요! 또 부레옥잠에게는 '100만 달러짜리 잡초'라는 별명도 있어요. 걷잡을 수 없이 불어난 이 식물들을 없애려면 처리비로 100만 달러(약 12억 원)가 필요하다는 뜻이랍니다.

이름	부레옥잠(물옥잠과)
크기	키 15~30cm
사촌인 식물	물옥잠, 물달개비 등

사는 곳: 세계 각지에 분포. 원산지는 남아메리카

마음의 소리 — 수조와는 찰떡궁합

작은 물고기를 기르는 사람들에게 나는 꼭 필요한 식물이야. 물고기가 내 뿌리에 알을 낳거나 줄기 틈에서 쉬기도 하고, 내 덕에 수조 안의 물도 깨끗해지기 때문이지! 혹시 우리가 너무 늘어났다고 해서 근처 연못 같은 곳에 버리지는 말아 줘. 나도 미움받고 싶지는 않다고….

독 때문에 이용만 당하는 쥐방울덩굴

"우리 애들 힘 좀 길러 주세요~"

"콩팥을 망가트리고 암을 일으키는 독성 물질이 있어요"

"얘들아, 나… 독풀이거든?!"

"아 글쎄, 유치원 아니래도…"

너무 센 나머지 그 힘을 이용당하는 식물이에요

최강자 지수 **100**

제1장

정말 신기한 식물들 [안타까운 이야기 / 쥐방울덩굴]

서로 도우며 살기는커녕 애써 만든 독만 빼앗긴다

쥐방울덩굴은 말 목에 거는 방울처럼 생겨 마두령(馬兜鈴)이라고 불리는 열매를 맺는 식물이에요. 독 성분인 아리스톨로크산(Aristolochic acid)으로 자신을 지키는 유독 식물로도 알려져 있어요. 인간에게도 영향을 미칠 만큼 강한 독이 든 이 풀을 누가 감히 먹을 수 있을까요? 그야말로 두려울 것 하나 없는 식물계의 최강자입니다.

이토록 강한 쥐방울덩굴에게도 천적이 있는데, 바로 '사향제비나비'랍니다. 사향제비나비의 애벌레는 특이하게도 오직 쥐방울덩굴만 먹어요. 쥐방울덩굴을 실컷 먹은 애벌레 몸속에는 맹독이 쌓이고, 이 독은 죽을 때까지 사라지지 않습니다. 먹으면 먹을수록 독성이 강해져 이윽고 사향제비나비는 천하무적 곤충으로 거듭나지요.

참고로 쥐방울덩굴의 꽃가루는 파리가 옮겨 주며, 사향제비나비는 독 성분을 빼앗아 가기만 할 뿐 아무런 보답도 하지 않습니다.

이름	쥐방울덩굴(쥐방울덩굴과)
크기	덩굴 길이 2~3m, 잎 길이 3~9cm, 잎 너비 2~5cm
사촌인 식물	부레옥잠, 족도리풀 등
사는 곳	한국, 일본

마음의 소리: 너무 집착하는 거 아니니?

사향제비나비 애벌레가 무서운 진짜 이유는 정말로 '나만' 먹는다는 점이야. 우리가 부족할 때는 자기들끼리 잡아먹기도 한다지 뭐야! 왜 우리 독에 그렇게까지 집착하는 걸까? 최강의 독이라서 그렇다고? 뭐… 틀린 얘기는 아니지만 아무리 그래도 너무하지 않아?

안타까운 이야기
이름에서도 냄새나는 **계요등**

제1장

정말 신기한 식물들 [안타까운 이야기 / 계요등]

전 세계가 인정한 국제적 악취

계요등은 덩굴 식물 중에서 보기 드문 생김새의 꽃을 피웁니다. 바깥쪽은 새하얗고 안쪽에 붉게 물든 나팔 모양이지요. 뾰족한 가시가 특징인 꼭두서니과에 속하는 식물이지만 계요등은 가시가 없고, 잎에는 가슬가슬한 털이 나 있으며 개머루처럼 동글동글한 열매가 가득 달려요.

계요등의 가장 큰 특징으로는 '참기 힘든 악취'를 꼽을 수 있습니다. 잡아 뜯거나 밟으면 '닭오줌덩굴(鷄尿藤)'이라는 한자 뜻에 걸맞게 오줌이나 똥 같은 구린내가 풀풀 나지요. 외국에서도 악취 덩굴이라던가 닭 똥내가 나는 식물이라는 뜻의 이름으로 불릴 만큼 냄새가 지독한데요, 계요등은 바로 이 악취로 자신의 몸을 지킨답니다.

하지만 강한 무기를 지닌 자에게는 그 힘을 이용하려는 세력이 나타나기 마련이지요! 진딧물 중에서 '똥오줌긴수염진딧물'은 계요등의 잎과 줄기를 먹고 흡수한 냄새 성분으로 자신을 보호합니다.

이름	계요등(꼭두서니과)
크기	잎 길이 4~10cm, 잎 너비 1~7cm
사촌인 식물	치자나무, 커피나무 등

사는 곳: 한국, 일본 등 동아시아

마음의 소리

새로운 이름으로 기억해 줘!

나는 일본에서 '방귀똥덩굴'이라는 이름으로 불렸는데, 이제 '뜸자욱꽃'으로 바뀌었어. 붉은 꽃 속이 한의원에서 뜸을 뜬 자국처럼 보이기도 하고, 꽃을 엎어 두면 뜸 모양과 비슷해서 이렇게 붙였대. '방귀똥덩굴'이라는 이름을 가엾게 여긴 일본 환경성(環境省)에서 바꾸어 주었단다.

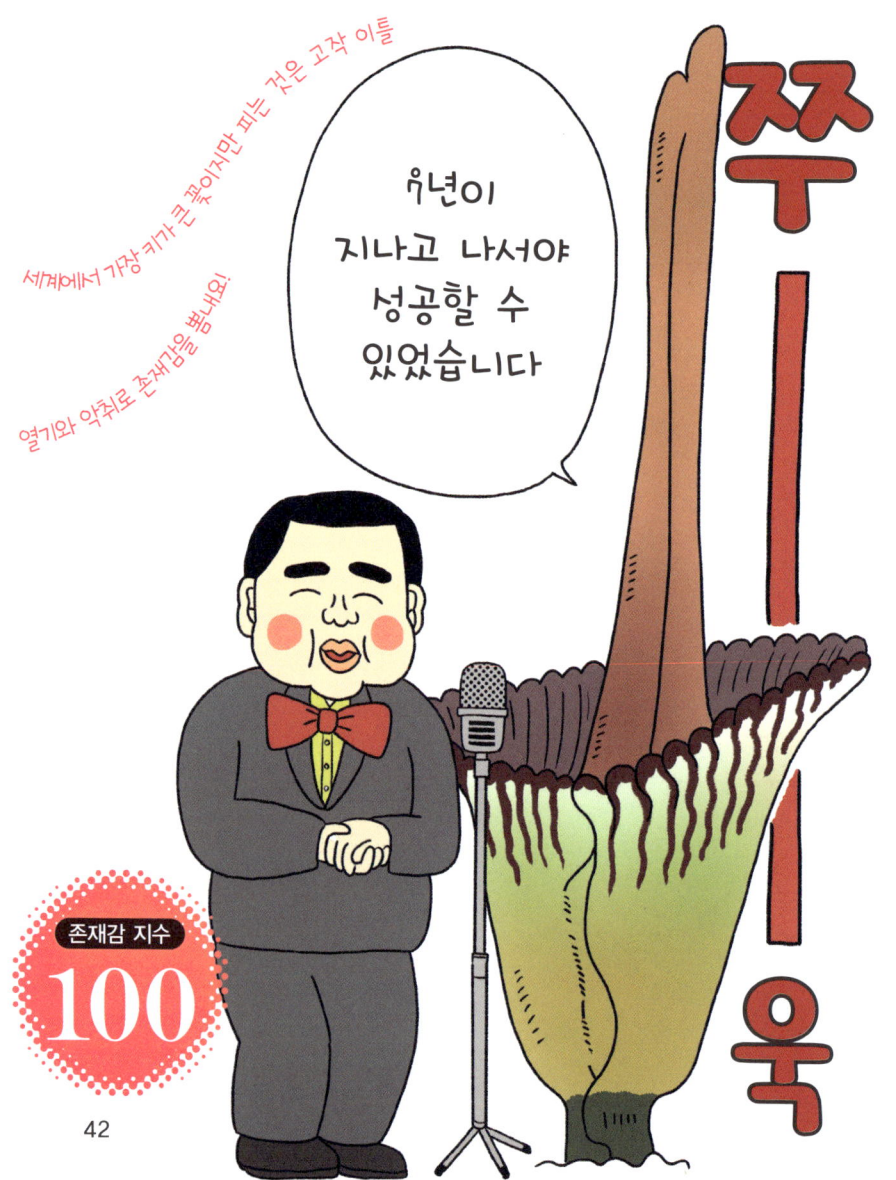

제1장

정말 신기한 식물들 [이상한 이야기 / 타이탄아룸]

죽순처럼 쭉쭉 뻗어 올라가는 꽃

인도네시아 수마트라섬이 원산지인 이 식물은 꽃 높이만 3m나 되는 세계 제일의 키다리 꽃으로 기네스북에 올라 있어요. 불상을 올려놓는 연화대처럼 생긴 포엽이 위로 꼿꼿하게 선 꽃대 밑을 감싸고 있지요. 꽃이 피면 꽃대는 썩은 고기 냄새를 풍기며 37℃ 정도의 열을 냅니다.

그런데 꽃이 올라온 곳을 자세히 살펴보면, 잎도 줄기도 없이 땅에 딱 달라붙어 꽃이 피었다는 점을 알 수 있어요. 천남성과 식물인 타이탄아룸은 꽃 바로 밑에 땅속줄기를 뻗습니다. 꽃을 피우기 전에는 다른 나무들처럼 잎을 내어 1년 넘게 영양분을 모으지요. 잎이 시들면 땅속줄기인 상태로 1년 이상 휴식에 들어갔다가, 두 달에 걸쳐 꽃을 피울 준비를 하지요. 약 2년에서 7년까지 긴 시간 동안 꽃을 피울 준비를 하지만, 정작 꽃이 피는 기간은 겨우 이틀뿐이에요. 바로 이것이 타이탄아룸이 존재감을 열심히 드러낼 수밖에 없는 이유랍니다.

이름	타이탄아룸(천남성과)
크기	높이 2~3m
사촌인 식물	반하, 천남성 등

사는 곳: 인도네시아 수마트라섬의 열대 우림

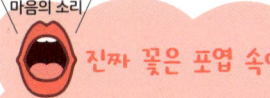

마음의 소리

진짜 꽃은 포엽 속에

세계에서 가장 키가 큰 꽃이라고 불리지만, 사실 내 꽃은 수많은 작은 꽃이 모여서 하나처럼 보이는 거란다. 게다가 암술과 수술처럼 꽃에서 중요한 기관은 모두 포엽 속에 숨겨 두었지. 꽃대가 워낙 크다 보니 아마 꽃밖에 안 보일 거야. 하지만 진짜 소중한 것은 눈에 보이지 않는 곳에 감춰져 있기 마련이란다.

이상한 이야기

세계에서 가장 큰 꽃
자이언트라플레시아는 잎도 뿌리도 없다

잎도 뿌리도 사라져라~ 얍!

잎 따로 뿌리 따로 없는 수수께끼투성이 기생 식물

꽃만 보인다고? 그야 꽃밖에 없으니까!

깜놀 지수 **100**

제1장

정말 신기한 식물들 [이상한 이야기 / 자이언트라플레시아]

자이언트라플레시아의 영양분은 어디서 얻을 수 있을까?

라플레시아 중에서도 최대급 품종인 자이언트라플레시아는 꽃이 다 피면 지름이 1m나 되는 세계에서 가장 큰 꽃이에요. 파리에게 인기 만점인 썩은 냄새를 마구 풍기는 꽃으로도 유명하지요. 꽃봉오리가 커져 꽃이 피려면 9개월이나 걸리지만, 꽃이 피면 고작 일주일만에 시들고 만답니다.

앞서 나온 '타이탄아룸'처럼 자이언트라플레시아도 땅 위에 바로 꽃을 피운 것처럼 보입니다. 꽃잎을 들쳐도 잎이나 줄기는 전혀 보이지 않지요. 그렇다면 꽃에 필요한 영양분은 과연 어디에서 얻을까요? 정답은 바로 주변 식물들입니다. 자이언트라플레시아는 다른 식물에 기대야만 살 수 있는 '기생 식물'이거든요. 근처에 사는 포도과의 덩굴 식물에 실처럼 가느다란 조직을 심어 양분을 빨아 먹지요. 라플레시아는 잎도 뿌리도 없으니, 영양분을 모조리 꽃으로 보내 거대한 꽃을 피울 수 있는 것이랍니다. 다만 씨는 거의 기생하지 못한다고 해요.

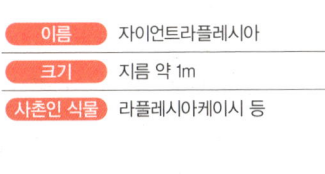

이름	자이언트라플레시아
크기	지름 약 1m
사촌인 식물	라플레시아케이시 등

사는 곳: 동남아시아의 열대지방

마음의 소리

사람 때문에 희귀해진 꽃

우리 꽃을 한방약으로 쓰면 효과가 있다고 알려져서인지, 사람들이 꽃망울을 마구잡이로 잘라가 버렸어. 꽃봉오리로 오래 머무르니 따기도 쉬웠겠지. 우린 영양분을 빼앗아 올 숙주 식물들만 있으면 평화롭게 살 수 있는데…. 인도네시아의 상징인데 다들 너무한 거 아니냐고!

45

제1장

정말 신기한 식물들 [이상한 이야기 / 귤]

탱글탱글하고 반질반질한 '털'

겨울 과일 하면 무엇이 가장 먼저 떠오르나요? 아무래도 오래 사랑받아 온 '귤'이 아닐까 싶은데요. 흔히 볼 수 있는 품종은 조생귤을 포함한 '온주밀감'이지만, 요즘에는 새로운 품종의 귤도 여럿 나오고 있지요.

귤을 포함한 오렌지나 자몽과 같은 감귤류 과일은 물방울처럼 생긴 알맹이로 꽉 차 있는 것이 특징입니다. 도톰한 껍질을 벗기면 얇은 주머니로 감싼 과육이 10~12쪽 가량 붙어 있고, 그 안에 자잘한 알맹이들이 꽉 들어차 있지요. 그런데 이 알맹이의 정체가 사실 '털'이라고 합니다. 귤은 수분과 영양분이 가득 담긴 저장고 같은 과일이에요. 꼭지에서 들어온 수분과 영양분이 내피에 붙은 하얀 섬유질(알베도층)을 따라 전달되면, 이 털들이 고스란히 받아 잘 보관해 둡니다. 과즙으로 탱탱한 이 털을 조심스럽게 하나씩 떼어 내면 맨 끝에 달린 가느다란 실 같은 조직을 볼 수 있답니다.

이름	귤(운향과)
크기	열매 높이 약 3~4cm, 알맹이 크기 약 5~8cm
사촌인 식물	레몬, 자몽 등
사는 곳	제주도를 비롯한 남쪽 지방에서 재배

마음의 소리

감귤류 과일은 모두 귤!

요즘 내 인기가 오렌지와 자몽에 살짝 밀리기는 하지만, 원래 감귤류는 '운향과 감귤나무속의 나무 또는 그 열매를 통틀어 이르는 말'이니 감귤류의 대표는 뭐니 뭐니 해도 나라고! 또 우리처럼 생긴 과일을 '귤꼴열매'라고 부른다는 점도 기억해 줘.

47

이상한 이야기

사막의 눈알 괴물, 스웨인소나포르모사

제1장

정말 신기한 식물들 [이상한 이야기 / 스웨인소나포르모사]

'영광의 꽃'이지만 겉모습은 외계인

사막 완두콩이라고도 불리는 스웨인소나포르모사는 호주의 사막 지대에 사는 콩과 식물입니다. 키가 작고 밑동에서 가지를 많이 치는 덩굴성 식물로 80cm 정도까지 자라요. 독특한 생김새의 빨간 꽃을 보려고 화초로도 많이 가꿉니다. 화려하고 당당한 모습 덕분에 한때는 '영광의 꽃'이라는 뜻의 학명인 '클리안서스포르모수스'로 불리기도 했지요.

화초로 보면 신기하고 귀엽지만, 사막에 핀 모습은 과연 어떨까요? 하나만 있어도 깜찍하니 여럿이 모여 있으면 훨씬 더…라고 생각하겠지만, 와글와글 모여 핀 모습은 괴상한 외계인 무리 같아요! 주렁주렁 매달린 새까만 눈동자로 두리번거리다가 와락 달려들 듯한 모습이지요. 꽃 가운데에 까맣게 튀어나온 부분이 열매처럼 보이지만 실은 그냥 무늬라고 해요. 이 식물은 드넓은 사막에서 누군가 자신을 발견해 주기를 바라며 일부러 강렬하고 화려하게 겉모습을 꾸몄을지도 몰라요. 마음은 이해하지만, 그래도 역시 좀 징그럽네요.

이름	스웨인소나포르모사(콩과)
크기	키 약 80cm
사촌인 식물	아까시나무, 자운영 등

사는 곳: 서호주 건조 지대

마음의 소리: 이름 좀 정리해 줄래?

실은 나… 이름이 무지무지 많아. 지금 학명은 '스웨인소나포르모사'지만, 원래 학명인 '클리안서스포르모수스'에서 따온 '클리안서스'로 불리기도 했고, '스터트데저트피' 혹은 줄여서 그냥 '데저트피'라고 부르는 사람도 있어. 이름이 어려운데 많기까지 해서 미안해.

> 이상한 이야기

신비롭고 기괴한
검은박쥐꽃

온도만 맞으면 일 년 내내 피는 꽃

우거진 수풀 틈에 고개만 빼죽… 누구냐 넌?!

꺼림칙 지수
92

정말 신기한 식물들 [이상한 이야기 / 검은박쥐꽃]

넌 내가 꽃으로 보이니? 숲에 드리운 어두운 그림자

생김새가 특이한 식물을 보면 왜 이렇게 생겼는지 문득 궁금해질 때가 있지요. 여기서 말하는 '검은박쥐꽃'도 왜 이렇게 생겼는지 궁금한 식물 중 하나예요. '검은박쥐꽃'은 동남아시아 숲속 반그늘에서 사는 식물입니다. 그림을 보고 '세상에 이런 꽃이 어디 있어!'라고 생각했을지도 모르겠지만, 진짜로 있는 꽃이랍니다.

얼핏 꽃처럼 보이는 검보라 색 부분은 포엽이고, 아래로 축 처진 둥근 부분이 바로 꽃입니다. 실처럼 뻗은 부분은 꽃이 피지 않은 채 남은 꽃자루예요. 검은박쥐꽃은 땅에서 50cm~1m가량 솟은 곳에 꽃을 피웁니다.

커다란 나비나 박쥐처럼 보이기도 하는 이 꽃들이 어두침침한 수풀 틈으로 삐죽 튀어나와 있다고 상상해 보세요. 살짝 오싹하지 않나요? '배트 플라워', '데빌 플라워', '블랙 캣' 같은 검은 박쥐 꽃의 다른 이름에도 마찬가지로 어두운 그림자가 서려 있어요.

이름	검은박쥐꽃(타카과)
크기	키 70cm~1m
사촌인 식물	타카(열대 고구마류 식물) 등

사는 곳: 동남아시아

마음의 소리 — 악마의 꽃이라니 너무하잖아!

여러 이름으로 불러주는 건 고맙지만, '악마'는 좀 너무하지 않아? 물론 으슥한 곳에 도사린 검은 보랏빛 꽃을 보면 누구나 흠칫하겠지만, 괴물 같다고 할 것까지는 없잖아. 그래도 난 알아. 어둡고 침침한 곳에 나처럼 생긴 꽃을 보면 다들 속으로는 끌린다는 사실을 말이야!

이상한 이야기

휘파람가시나무와
개미는 어떤 관계일까?

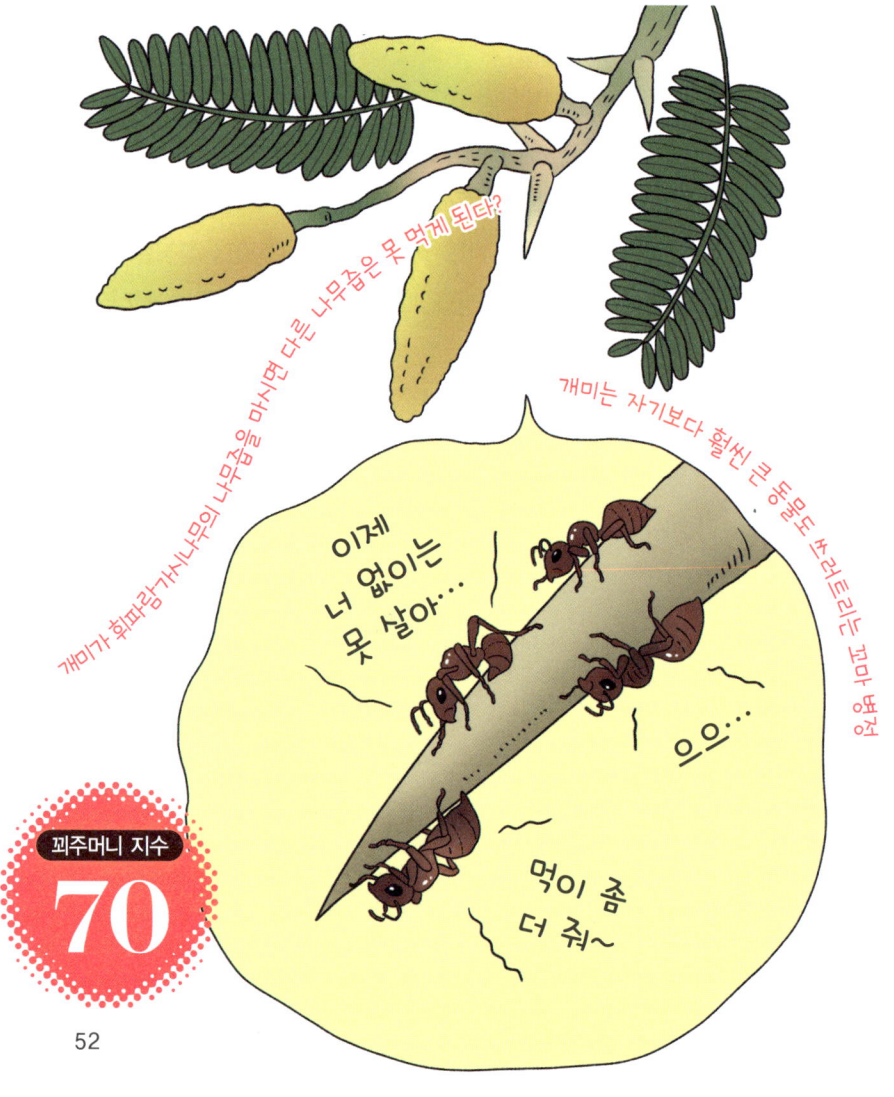

정말 신기한 식물들 [이상한 이야기 / 휘파람가시나무]

제1장

휘파람가시나무와 개미는 무슨 사이일까?

'가시가 있다'라는 뜻을 가진 아카시아 중에는 뾰족 돋은 가시로 외부에서 몸을 지키는 나무가 많아요. 하지만 그중에서 아카시아에 속하는 '휘파람가시나무' 속의 가시는 텅 비어 있답니다. 겉에서 보기에는 날카로운 무기 같지만, 사실 이 가시는 다름 아닌 '개미집'이랍니다. 자기 몸에 살게 해 주는 대신, 초식 동물에게 먹히지 않도록 개미에게 경호원 역할을 맡기고 있는 셈이지요. 이렇게 살아가는 식물을 '개미식물'이라고 부릅니다. 되도록 많은 개미가 오래오래 머물 수 있도록, 휘파람가시나무는 개미에게 집도 마련해 주고 잎끝에서 노란 알갱이를 내어 먹이도 줍니다.

한편 이 같은 휘파람가시나무의 대접은 개미를 귀한 손님으로 여겨서가 아니라 교묘하게 부하로 만들기 위해서라는 이야기가 있습니다. 휘파람가시나무의 나무즙은 특별한 성분으로 되어 있어서 한번 입에 대면 다른 나무즙은 먹지 못하기 때문이지요. 진짜일지도 모른다고 생각하니 슬며시 등골이 서늘해지네요.

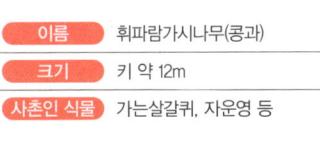

이름	휘파람가시나무(콩과)
크기	키 약 12m
사촌인 식물	가는살갈퀴, 자운영 등

사는 곳: 호주, 아프리카 등 열대·온대 지방

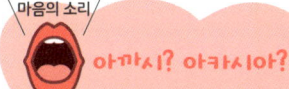

마음의 소리

아까시? 아카시아?

♪동구~밖~ 과수원 길~ 아카시아꽃이 활짝 폈네~라는 노래를 다들 알 거야. 하얀 꽃 냄새가 향긋한 이 나무의 바른 이름은 '아까시나무'야. 일본에서 들어오면서 잘못 알려졌다고 해. 아카시아는 주로 아프리카에 살고 노란 꽃을 피우니 앞으로 헷갈리기 없기다?

이상한 이야기

선인장은 일부러 건조한 곳에 산다

사람이 심어서 가꾸는 원예 품종까지 더하면 종류가 무려 1가지 이상!

다른 식물들이 사는 세상에서 멀리 떠나온 거친 벌판의 외톨이

속세에는 어떤 미련도 없습니다

그런 셈 치고는 꽃이 너무 화려 하네요

극한 추구 지수
100

제1장

정말 신기한 식물들 [이상한 이야기 / 선인장]

극한 환경에서 도를 닦는 식물계의 수행승?

생김새가 특이한 식물을 말하자면 선인장을 빼놓을 수 없지요. 선인장은 잎을 보고 그 아름다움을 즐기기 위한 '관엽 식물'로 인기가 있지만, 원래는 멕시코와 같은 사막 지대 출신입니다.

선인장은 줄기에 물을 저장할 수 있는 다육 식물로, 잎을 가시로 탈바꿈해 몸을 지키는 능력이 있을 정도로 보통 식물과 다른 곳이 한두 군데가 아닙니다. 화려하고 어여쁜 꽃을 피우는 사실로도 알려져 있고요. 그런데 이러한 선인장의 생김새는 모두 건조한 사막에서 적응하기 위한 것이랍니다. 그렇다면 왜 이토록 살기 힘든 환경을 고른 걸까요? 바로 생존 경쟁을 피하기 위해 목마름과 싸우는 길을 선택한 것이지요.

경쟁자들을 피해 평범한 식물은 살아남을 수 없는 악조건을 택한 만큼, 독특하게 진화한 결과가 지금의 선인장입니다. '선인장(仙人掌)'이라는 한자처럼 선인장은 도를 닦으며 살아가는 셈입니다.

이름	선인장(선인장과)
크기	키 3cm~20m (종류에 따라 차이가 큼)
사촌인 식물	공작선인장, 용과 등
사는 곳	북아메리카 남부~남아메리카

마음의 소리 — 이름만 들어도 모양이 보여

우리 선인장들은 생김새에 따라 크게 4가지로 나뉘어. 둥글고 평평한 부채선인장, 길쭉한 원기둥 모양의 기둥선인장, 나무를 닮은 나무선인장, 관엽 식물로 사랑받는 동글동글한 공선인장… 딱히 불만은 없지만, 이름을 너무 대충 지은 거 아닌가?

슬기로운 이야기

사람을 이용하여 번식하는 질경이

제1장

정말 신기한 식물들 [슬기로운 이야기 / 질경이]

생존 전략의 핵심은 '사람에게 밟히기'

'길을 잃으면 질경이가 있는 곳으로 가라'라는 옛말이 있습니다. 지금은 아스팔트가 깔린 길이 대부분이라 찾기 어렵지만, 예전에는 그만큼 질경이가 우리 조상과 가까운 풀이었다는 사실을 알 수 있지요.

흔히 식물은 바람, 새, 곤충의 힘으로 씨를 퍼트리지만, 질경이는 조금 달라요. 물에 젖으면 끈적거리는 씨를 사람의 발이나 차 바퀴에 붙여 멀리 보내는 방법을 사용합니다. 그래서 사람들이 밟고 다니는 곳에 일부러 자리를 잡고 번식하는 것이지요. 질경이 잎에는 질긴 실 줄기가 들어 있어 쉽사리 찢기지 않고, 줄기는 속이 스펀지 같아서 아무리 밟혀도 끄떡없습니다. 하지만 번식력이 약하다는 단점 때문에 여러 식물이 섞여 자라는 좋은 환경에서는 경쟁이 너무 심하니 어쩔 수 없이 험난한 환경을 고른 셈이지요.

이름	질경이(질경잇과)
크기	꽃줄기 길이 10cm~30cm
사촌인 식물	금어초, 큰개불알풀 등

사는 곳	한국, 일본 등 동아시아

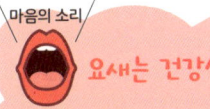

마음의 소리

요새는 건강식품이라고?

과거에는 마차 바퀴 앞에서 발견했다고 해서 '차전초(車前草)'라는 한자 이름으로 불리는 등 늘 사람 곁에 있었는데, 콘크리트에게는 도저히 못 당하겠더라. 그런데 요새는 또 나를 약초라던가 먹을 수 있는 풀이라고 하더라고. 이제 길섶 잡초가 아니라 변비약이나 다이어트 식품으로 만나게 될지도 모르겠어.

슬기로운 이야기

가는살갈퀴를 둘러싼 삼각관계

제1장

정말 신기한 식물들 [슬기로운 이야기 / 가는살갈퀴]

결국 누가 이득일까? 알쏭달쏭한 공생 관계

우리 자연에는 개미를 경호원으로 삼는 식물들이 여럿 있는데 가는살갈퀴도 그중 하나입니다. 꽃의 꿀과 잎자루 아래 달린 턱잎에서 나오는 꿀로 개미를 불러들이지요. 꽃이 피기 전이나 진 뒤에도 턱잎에서 꿀이 나오니 개미에게는 참 반가운 식물입니다.

그런데 가는살갈퀴와 개미 사이를 훼방 놓는 존재가 있습니다. 바로 '긴꼬리볼록진딧물'인데요, 이 곤충은 개미를 밀어젖히고 가는살갈퀴의 꿀을 빨아 먹습니다. 꿀을 뺏긴 개미가 공격할 듯도 싶지만, 오히려 그 반대입니다. 긴꼬리볼록진딧물에서도 '감로'라는 하는 단물이 나오거든요. 개미는 가는살갈퀴에서 나오는 꿀 대신 감로를 빨아 먹고 무당벌레에게서 진딧물을 지켜 줍니다.

가는살갈퀴와 진딧물이 개미를 부리는 듯하면서도 결국 진딧물만 이익을 보는 듯하기도 하니, 참으로 아리송한 삼각관계입니다.

이름	가는살갈퀴(콩과)
크기	키 60~90cm
사촌인 식물	아카시아, 클로버 등

사는 곳: 한국, 일본, 유럽

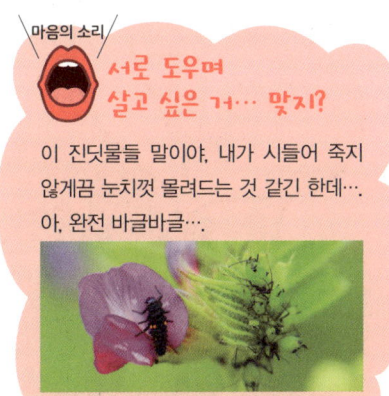

마음의 소리
서로 도우며 살고 싶은 거… 맞지?

이 진딧물들 말이야, 내가 시들어 죽지 않게끔 눈치껏 몰려드는 것 같긴 한데…. 아, 완전 바글바글….

여기 좀 봐. 정말 발 디딜 틈도 없지 않아?

슬기로운 이야기

식충 식물인 네펜데스앰풀라리아는 벌레를 보호해 준다!

제1장

정말 신기한 식물들 [슬기로운 이야기 / 네펜데스앰퓰라리아]

방은 잘 내주지만 관리는 게으른 정글의 집주인

네펜데스는 잡은 곤충을 녹여 흡수하는 식충 식물로 잘 알려져 있어요. 그런데 벌레를 먹기는커녕 오히려 통 안에 살게 해 주는 종류도 있답니다.

보르네오섬에 사는 네펜데스앰퓰라리아는 벌레잡이통을 땅 위에 늘어놓은 채 살아가는 식물입니다. 통마다 고인 빗물에 장구벌레 같은 곤충을 살게 하는 한편, 통에 빠진 벌레를 노리고 온 개미나 거미의 배설물을 받아 영양분을 흡수합니다. 곤충에게 양분을 얻는다는 점에서는 다른 네펜데스와 비슷하지요.

얼마 전에는 이 식물의 통 안에서 새로운 종류의 개구리가 발견됐어요. '마이크로하일라보르네엔시스'라는 이름의 이 개구리는 암컷이 2cm 이하, 수컷은 1cm 정도이며 올챙이는 겨우 3mm밖에 안 된다고 해요.

이름	네펜데스앰퓰라리아 (벌레잡이통풀과)
크기	벌레잡이통 크기 6~10cm
사촌인 식물	네펜데스라자 등
사는 곳	말레이 제도의 보르네오섬, 뉴기니, 말레이반도 등

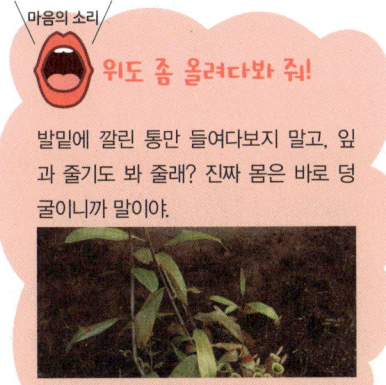

마음의 소리

위도 좀 올려다봐 줘!

발밑에 깔린 통만 들여다보지 말고, 잎과 줄기도 봐 줄래? 진짜 몸은 바로 덩굴이니까 말이야.

덩굴은 2m까지 자라!

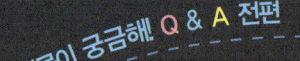

식물은 무엇일까요?

Q. 식물과 동물은 무엇이 달라요?

A. 식물과 동물은 특징이 정반대입니다.

식물은 엽록체로 직접 영양분을 만들어내고 소화 기관이 없어요. 또 스스로 움직이지 못하고 감각을 담당하는 신경이 없으며 세포에 세포벽이 있는 것이 특징입니다. 이 같은 식물의 특징을 반대로 말하면 동물의 특징이 되지요.

Q. 어디까지가 식물에 속하나요?

A. 버섯, 해조나 바닷말은 식물이 아니에요.

곰팡이와 버섯은 영양분을 직접 만들 수 없다는 점 때문에 '균류'라고 해요. 그리고 미역 같은 해조류나 바닷말은 한때 식물로 보기도 했지만, 지금은 '조류'로 나눕니다.

Q. 식물의 종류를 나누는 기준이 있나요?

A. 번식 방법에 따라 크게 2가지로 나눕니다.

꽃식물(종자 식물): 꽃가루받이를 하며, 씨를 만들어 번식해요. 꽃식물은 열매를 맺는 '속씨 식물'과 밑씨가 밖으로 튀어나와 있는 '겉씨 식물'로 나뉩니다.

민꽃식물(포자 식물): 홀씨, 즉 포자를 만들어 번식하는 식물로, 고사리, 이끼 등이 있어요.

제 2 장

정말
놀라운 식물들

놀라운 이야기

15m까지 자라는 거대한 국화과 나무
스칼레시아

생물학자 다윈도 신기해했던 식물

나무처럼 보이지만 풀이라서 나이테는 없어요!

사실은 **국화과** 랍니다~

몸집 지수
85

제2장
정말 놀라운 식물들 [놀라운 이야기 / 스칼레시아]

원래는 가녀렸을 국화과 풀, 널찍한 땅에서 큰 나무로 자라다

어떤 생물은 믿기지 않을 만큼 거대하게 성장하기도 합니다. 우리도 키가 2m를 넘는 사람을 본다면 깜짝 놀라지요? 식물도 마찬가지일 거예요. 이렇게 큰 식물로는 태평양 갈라파고스 제도 산타크루즈섬 높은 곳에 사는 스칼레시아를 들 수 있습니다. 씨가 움트고 1년이면 약 4m로 자라고, 다 크면 무려 15m나 된답니다.

그런데 놀랍게도 스칼레시아는 한국에서도 흔히 볼 수 있는 '국화과'에 속한다는 사실! 일반적인 국화과 식물은 아무리 커도 1m가 고작이니, 키 차이가 정말 어마어마하지요?

스칼레시아는 아주 오랜 옛날, 남미 대륙에서 새나 바람, 해류 등을 통해 씨가 퍼지면서 산타크루즈섬에 건너왔다고 합니다. 육지와 떨어져 있고 인간이나 경쟁 식물도 없는 바다 건너 섬에 자리 잡은 덕분에 마음껏 커질 수 있었던 것이지요.

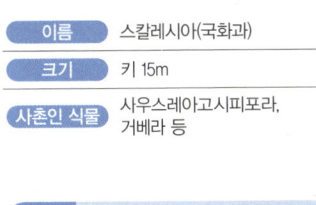

이름	스칼레시아(국화과)
크기	키 15m
사촌인 식물	사우스레아고시피포라, 거베라 등

사는 곳: 갈라파고스 제도의 산타크루즈섬

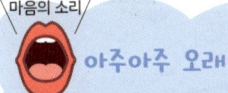

마음의 소리: 아주아주 오래 산단다!

우리는 다른 국화과 식물보다 훨씬 오래 살아. 국화과 식물은 대부분 여러해살이풀이고 뿌리만 살아 있으면 10년 넘게 살기도 해. 하지만 우리는 그 곱절도 넘는 25년을 살지. 비가 너무 많이 오면 더러 죽기도 하지만, 바로 새싹이 올라와 쑥쑥 자라니까 괜찮아.

놀라운 이야기

악마의발톱은 사자를 쓰러트린다

'도꼬마리'처럼 갈고리로 착 걸어 달라붙어요

뿌리에서 난 약으로 쓰이는 식물이에요

위험 지수
90

최강 동물의 목숨을 빼앗는 최강 식물?!

　동물의 왕으로 불리는 사자는 땅 위에서는 당할 자가 없다고들 하지요. 그런데 무려 이 사자를 쓰러트리는 식물이 있답니다. 이름도 무시무시한 '악마의발톱'인데요, 별명 같지만 진짜 이름입니다.

　악마의 발톱은 남아메리카에 사는 덩굴 식물로 아주 귀여운 분홍빛 꽃을 피워요. 그런데 꽃이 진 뒤에 맺히는 '열매'가 참 무섭습니다. 큼지막한 이 열매는 삐죽삐죽 돋은 가시로 동물에게 찰싹 달라붙어요. 그리고 가시 끝은 갈고리처럼 구부러져 있어서 한번 달라붙으면 떼어 내기가 거의 불가능합니다. 사자가 발에 걸린 열매를 떼어 내려고 물어뜯으면 열매는 입 쪽으로 달라붙어요. 떼어 내려고 안달하면 할수록 열매는 사자 피부에 더 깊숙이 파고들지요. 상처는 점점 심해지다 못해 결국 곪고 만답니다.

이름	악마의발톱(참깨과)
크기	열매 크기 10~15cm, 꽃 크기 5~6cm
사촌인 식물	참깨, 세라토테카트릴로바 등
사는 곳	남아프리카

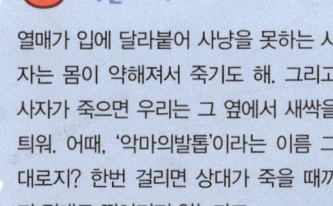

마음의 소리
쓰러진 사자 옆에서 싹을 틔우지

열매가 입에 달라붙어 사냥을 못하는 사자는 몸이 약해져서 죽기도 해. 그리고 사자가 죽으면 우리는 그 옆에서 새싹을 틔워. 어때, '악마의발톱'이라는 이름 그대로지? 한번 걸리면 상대가 죽을 때까지 절대로 떨어지지 않는다고.

놀라운 이야기

알소미트라마크로카르파의 씨는 비행기처럼 하늘을 난다

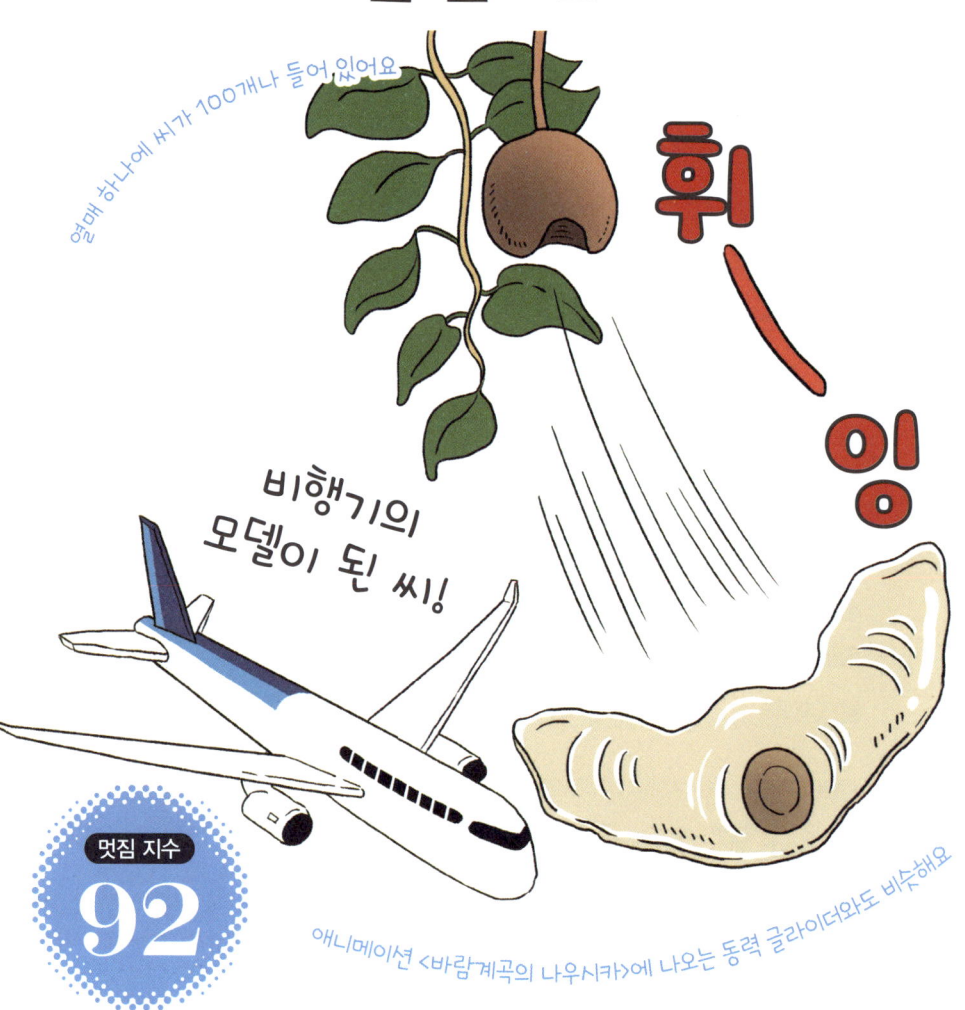

열매 하나에 씨가 100개나 들어 있어요

비행기의 모델이 된 씨!

휘―잉

멋짐 지수 **92**

애니메이션 <바람계곡의 나우시카>에 나오는 동력 글라이더와도 비슷해요

하늘을 나는 씨, 비행기 날개의 기초가 되다

'하늘을 나는 씨' 하면, 민들레 씨처럼 바람에 실려 나풀나풀 떠다니는 모습을 떠올리는 사람이 많을 텐데요. 하지만 인도네시아의 열대 우림에 사는 알소미트라마크로카르파의 씨는 멋지게 바람을 타고 하늘을 납니다.

다른 식물을 휘감으며 자라는 덩굴 식물인 알소미트라마크로카르파는 약 20~30cm 크기의 열매를 맺어요. 열매 안에는 얇은 막으로 된 씨, 여러 개가 들어 있는데 이 씨들은 때가 되면 차례차례 하늘로 날아 갑니다.

참고로 알소미트라마크로카르파 씨의 구조는 인류 역사에도 큰 영향을 끼쳤답니다. 20세기 초, 보헤미아(지금의 체코 서부)에 살던 에트리히 부자는 이 씨에서 아이디어를 얻어 알소미트라 비행기를 만들었어요. 이 비행기 꼬리에 날개를 단 모델에서 지금의 비행기가 나왔다고 해요.

이름	알소미트라마크로카르파 (박과)
크기	열매 크기 20~30cm
사촌인 식물	수박, 오이 등
사는 곳	인도네시아의 열대 우림

마음의 소리

하늘을 날 수 있는 이유

우리가 사는 열대 우림에는 나무가 우거진 탓에 씨를 바람에 날려 보내기가 힘들어. 그래서 날개의 도움으로 땅에 내려와 씨를 퍼트릴 수 있도록 진화했지. 우리의 날개는 자연 속에서 살아남으려 만들어 낸 발명품이나 다름없단다.

놀라운 이야기

스쿼팅오이는 이름 그대로 씨를 내뿜는다

오래전부터 약재로 쓰여 왔어요

맛이 써서 먹지는 못해요

위험 지수
75

제2장

정말 놀라운 식물들 [놀라운 이야기 / 스쿼팅오이]

시속 200km의 속도로 분사되는 씨

여러분은 톡 치면 펑 하고 터지는 식물을 알고 있나요? 봉선화나 괭이밥 같은 식물은 다 여문 꼬투리를 살짝 건드렸을 때 씨가 팡팡 튕겨 나오지요. 그런데 이처럼 특이하게 씨를 퍼트리는 식물이 더 있답니다.

영어로 '분출하다'라는 뜻이 담긴 스쿼팅오이도 신기한 방법으로 씨를 퍼트립니다. 말 그대로 씨가 섞인 액체를 내뿜기 때문이지요. 그리고 이 식물은 줄기가 땅에 넝쿨지며 자라다가 3cm가량 크기의 노란 꽃을 피운 뒤 열매를 맺습니다. 열매는 7cm 정도로 둥글게 길어지면서 익는데 이 열매 속에는 씨가 섞인 액체가 꽉 들어차 있어요. 열매는 익을수록 점점 더 빵빵해지다가 마침내 펙! 하고 터지면서 무려 시속 200km로 씨를 멀리 날려 보냅니다. 참고로 이 속도는 테니스 선수가 아주 세게 공을 때려 넣었을 때와 같다고 하네요.

이름	스쿼팅오이(박과)
크기	열매 크기 3~7cm
사촌인 식물	알소미트라마크로카르파, 호박 등

사는 곳: 온대 아시아, 북아메리카, 유럽

마음의 소리

위험한 이름이 하나 더 있어!

사람들은 우리를 '폭발한다'라는 뜻의 익스플로딩오이라고도 불러. 씨를 날려 보내는 모습이 뻥 터지는 폭탄처럼 보였나 봐. 분출이든 폭발이든 인간이 우리를 위험한 식물로 여긴다는 사실만큼은 틀림없는 듯해.

놀라운 이야기

가짜 모형 같은 수수께끼 식물 야레타

불에 잘 타서 연료로 쓰이기도 했대요

그늘에서는 잘 자라지 못해요

덩어리 지수
75

> 정말 놀라운 식물들 [놀라운 이야기 / 야레타]

제2장

3천 년도 넘게 사는 거대한 녹색 덩어리 식물

　남아메리카 대륙의 안데스 산맥에서 4,000m를 올라가면 '푸나'라고 불리는 고원이 나와요. 이곳에 가면 아주 크고 둥글둥글하게 뭉쳐진 녹색 덩어리 식물을 볼 수 있답니다.

　사람보다도 훨씬 큰 이 녹색 덩어리는 촘촘하게 모인 이끼나 모양이 특이한 선인장처럼 보이기도 하지만 야레타라고 하는 식물입니다. 덩어리 전체가 하나의 식물이 아니라 여러 개의 작은 식물들이 오랜 시간에 걸쳐 조금씩 불어나면서 이런 모습이 된 것이지요.

　야레타는 아주 느리게 성장합니다. 1년 내내 자라도 겨우 1.5cm밖에 커지지 않거든요. 그렇다면 엄청나게 큰 야레타가 생기기까지는 대체 얼마나 걸렸을까요? 야레타는 아주 오래 사는 식물로 3천 살이 훨씬 넘는 것도 매우 많다고 해요. 지금부터 3천 년 전이면 한국은 아직 고조선 시대였을 텐데 그때 태어난 식물이 아직도 쌩쌩하게 살아 있다니 정말 놀랍네요.

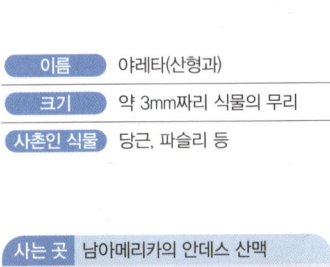

이름	야레타(산형과)
크기	약 3mm짜리 식물의 무리
사촌인 식물	당근, 파슬리 등

사는 곳: 남아메리카의 안데스 산맥

마음의 소리: 내 위에 올라와 볼래?

왠지 부드럽고 폭신할 것 같다고? 보기에는 그렇지만, 여럿이 한 덩어리처럼 붙어 있어서 이래 봬도 꽤 탄탄하단다. 괜찮으니까 한번 올라와 볼래? 사람 한 명쯤 태워도 끄떡없다고!

놀라운 이야기

울레미소나무는 식물판 '살아 있는 화석'이다

일본에서는 '쥐라기나무'라고도 불러요

의외로 발견된 지 얼마 안 되었어요

희귀함 지수
83

제2장

정말 놀라운 식물들 [놀라운 이야기 / 울레미소나무]

2억 년 전부터 살아온 세계에서 가장 오래된 식물

혹시 '실러캔스'라는 물고기를 알고 있나요? 실러캔스는 약 4억 년 전부터 살아온 생물로 옛 모습을 고스란히 갖고 있어서 '살아 있는 화석'이라고도 불린답니다.

그런데 알고 보면 식물 중에도 살아 있는 화석이 있어요. 바로 '울레미소나무'인데요, 일본에서는 '쥐라기나무'라고도 불러요. 지금부터 1억 8천만 년 전 즈음부터 약 4천 5백만 년간 이어진 쥐라기(Jura紀)는 지구에서 공룡이 가장 활발하게 살았던 시대입니다. 울레미소나무는 바로 그 쥐라기 시대부터 살아온 식물로, 세계에서 가장 오래된 식물이에요. 약 40m까지 성장하고, 천 년 가까이 사는 것도 있어요. 그동안 화석으로만 나와서 이미 멸종했다고 여겨졌지만, 1994년 호주에 있는 울레미 국립공원의 한 계곡에서 발견되면서 지금도 살아 있다는 사실이 밝혀졌습니다.

이름	울레미소나무 (아라우카리아과)
크기	최대 키 약 40m
사촌인 식물	남양삼나무과, 아라우카리아 헤테로필라

사는 곳: 호주

마음의 소리: 의외로 가까운 곳에도 있어!

94년 호주에서 발견된 울레미소나무는 일본 도쿄 디즈니랜드에서 만날 수 있어. 한국에서는 국립세종수목원에서 볼 수 있단다.

디즈니랜드에 오면 꼭 만나러 와 주렴!

놀라운 이야기

땅귀개샌더소니는 토끼처럼 귀여운 꽃을 피우지만 식충 식물이다

일본에서는 우사기고케(토끼이끼)라고 부르지만 이끼는 아니에요

꽃이 예쁘고 사랑스러워서 선물하기에 좋아요

귀염

깜찍

반전 지수
93

제2장

정말 놀라운 식물들 [놀라운 이야기 / 땅귀개샌더소니]

귀여운 모습은 먹잇감을 안심시키려는 것?!

아름다운 꽃에는 가시가 있다는 말처럼, 겉보기와 실제 생태가 아주 다른 식물도 많습니다. 그 예로 남아프리카가 원산지인 땅귀개샌더소니를 들 수 있어요. 이 식물은 3~5cm 길이의 줄기 끝에 1cm도 안 되는 조그맣고 하얀 꽃이 피는데, 이 꽃은 귀를 쫑긋 세운 토끼를 쏙 빼 닮았답니다.

그런데 땅귀개샌더소니는 아기자기한 겉모습과는 정반대로 무시무시한 모습을 가진 식물입니다. 왜냐하면 다른 생물을 잡아먹는 '식충 식물'이기 때문이지요. 이 식물은 뿌리에 잔뜩 달린 벌레잡이주머니로 먹이를 잡아 영양분을 빨아 먹어요.

토끼처럼 깜찍한 꽃에게 속아 다가온 벌레를 잡아먹는다고 여기는 사람도 있겠지만, 땅귀개샌더소니가 먹는 것은 물벼룩이나 플랑크톤 같은 미생물이랍니다. 예쁜 꽃을 미끼 삼아 벌레를 꾀는 식충 식물은 아니라고 해요.

이름	땅귀개샌더소니(통발과)
크기	키 3~5cm
사촌인 식물	통발, 땅귀개

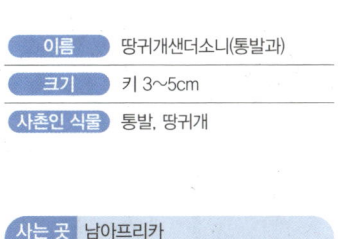

사는 곳 남아프리카

마음의 소리

우리를 한번 길러 봐!

따뜻한 나라에서 오긴 했지만, 한국에서도 우리를 기를 수 있어. 볕과 물을 알맞게 조절하면서 방 안의 온도를 15~20도로 맞춰 주면 1년 내내 꽃이 핀단다. 쑥쑥 잘 크는 편이기도 해서 다른 화분에 포기를 나누어 심으면 수가 몇 배나 늘어나기도 해.

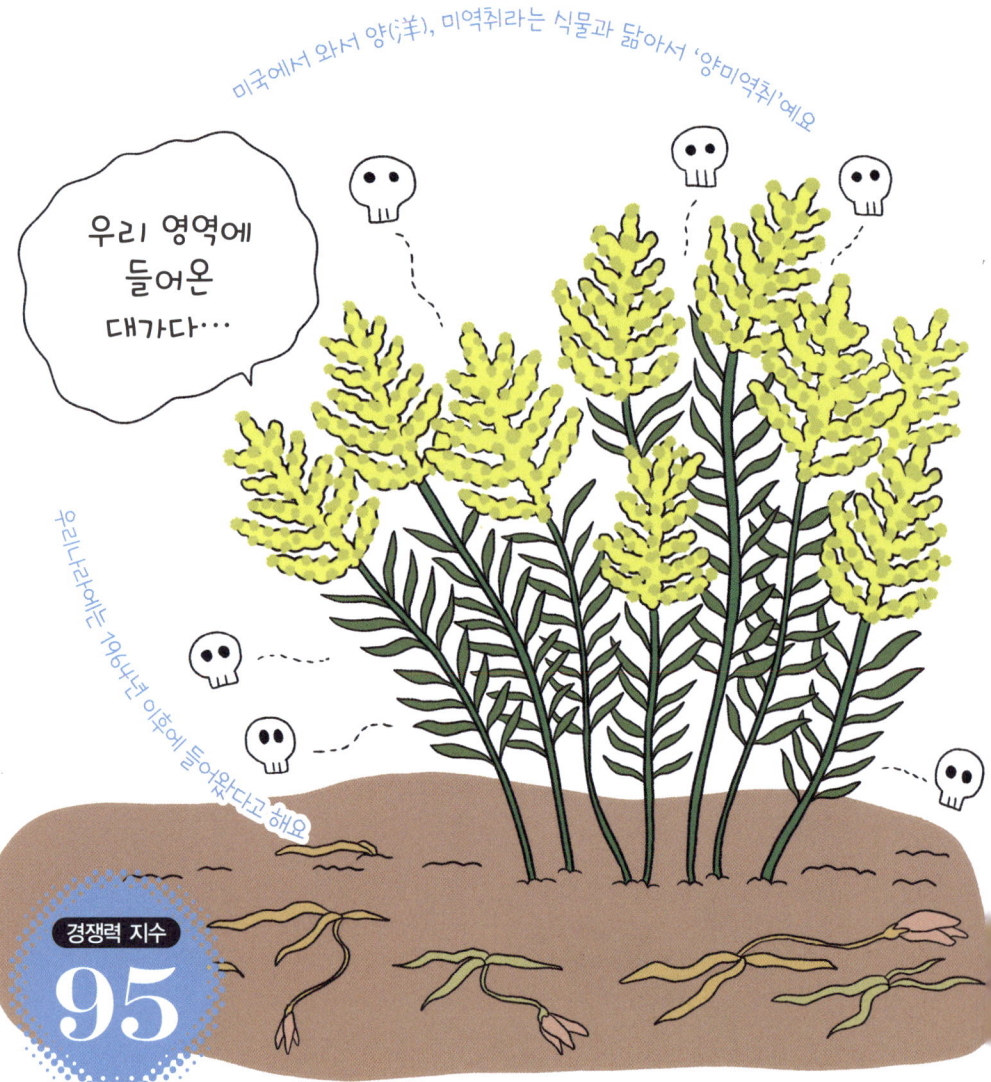

제2장

정말 놀라운 식물들 [놀라운 이야기 / 양미역취]

강력한 무기로 자연계의 균형을 무너뜨리는 식물

양미역취는 냇가나 빈 땅에 무리 지어 사는 식물입니다. 키가 1~2.5m 정도로 큰 편이며 노란색 꽃을 피워요. 살던 곳에서 다른 곳으로 옮겨 와 잘 적응하여 자라는 귀화 식물 중 하나로, 우리나라에서는 순천을 비롯한 남부 지방에 주로 살아요.

그런데 외국에서 온 식물이 어떻게 우리 땅에서 잘 번식할 수 있었을까요? 그 이유는 양미역취가 뿌리에서 내뿜는 '화학 물질' 때문입니다. 양미역취는 이 화학 물질로 자기가 먼저 자랄 수 있도록 주변 식물의 성장을 억누릅니다. 사람들이 전쟁에서 쓰는 화학 무기처럼요.

양미역취 중에서도 북아메리카에 사는 양미역취는 키도 그리 크지 않고 번식도 활발하지 않아요. 양미역취가 오랫동안 살아온 곳에서는 다른 식물들과 잘 어우러져 지내기 때문이랍니다.

이름	양미역취(국화과)
크기	키 1~2.5m
사촌인 식물	민들레, 봄망초 등
사는 곳	북아메리카, 한국 남부, 일본

마음의 소리
힘이 영 예전만 못해….

최근에는 주변 식물들이 줄어들어서인지 우리 독에 우리가 당하는 꼴이야.

한때 잘 나가던 모습은 이제 찾아볼 수 없어.

놀라운 이야기

악마와 계약을 맺은
독보리

무려 수천 년 이전에 만든 무덤에서 발견됐어요

독보리의 독은 독보리가 직접 만들어 낸 것이 아니에요

전략 지수
90

80

제2장

정말 놀라운 식물들 [놀라운 이야기 / 독보리]

병균과 동맹 관계를 맺다

인간이 균에 감염되어 병에 걸리듯, 식물도 병원균이 몸에 들어오면 병에 걸려요. 우리는 병원에서 주사를 맞거나 약을 받아 와 먹으면 되지만, 식물은 그럴 수가 없습니다.

따라서 식물은 자신의 몸 안에 병원체와 싸우는 물질을 만들어 냈어요. 이 물질 덕에 식물은 균을 물리치고 건강하게 살 수 있답니다.

그런데 독보리라는 식물은 독이 있는 병원균을 일부러 몸에 살게 합니다. 대체 무슨 까닭일까요? 식물이 가축 따위에게 먹히지 않기 위해 독을 만들어 내려면 그만큼 힘과 양분이 더 필요해요. 독보리는 그럴 바에야 독이 있는 병균에 감염되어 균과 더불어 살아가야겠다고 마음을 먹은 것이지요.

이처럼 독보리는 병균이라는 악마와 계약을 맺고 서로 도우며 살고 있답니다.

이름	독보리(볏과)
크기	키 30~80cm
사촌인 식물	옥수수, 억새 등
사는 곳	전 세계의 온대 지방

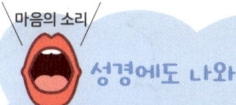

마음의 소리

성경에도 나와!

우리는 2천 년 전에 쓰인 신약 성경 속 '마태복음'에도 나와. 마태복음에서는 사람들이 잠든 틈을 타 악마가 밭에 우리 씨앗을 뿌렸다고 해. 그 먼 옛날부터 악마와 우리는 이미 계약 관계였단다.

놀라운 이야기

해머오키드는 암벌 흉내로 수벌을 꾄다

용수철 같은 장치를 써서 수벌에 꽃가루를 묻혀요.

내 매력에 아주 흠뻑 빠트려 주지!

토옹

유혹 지수
93

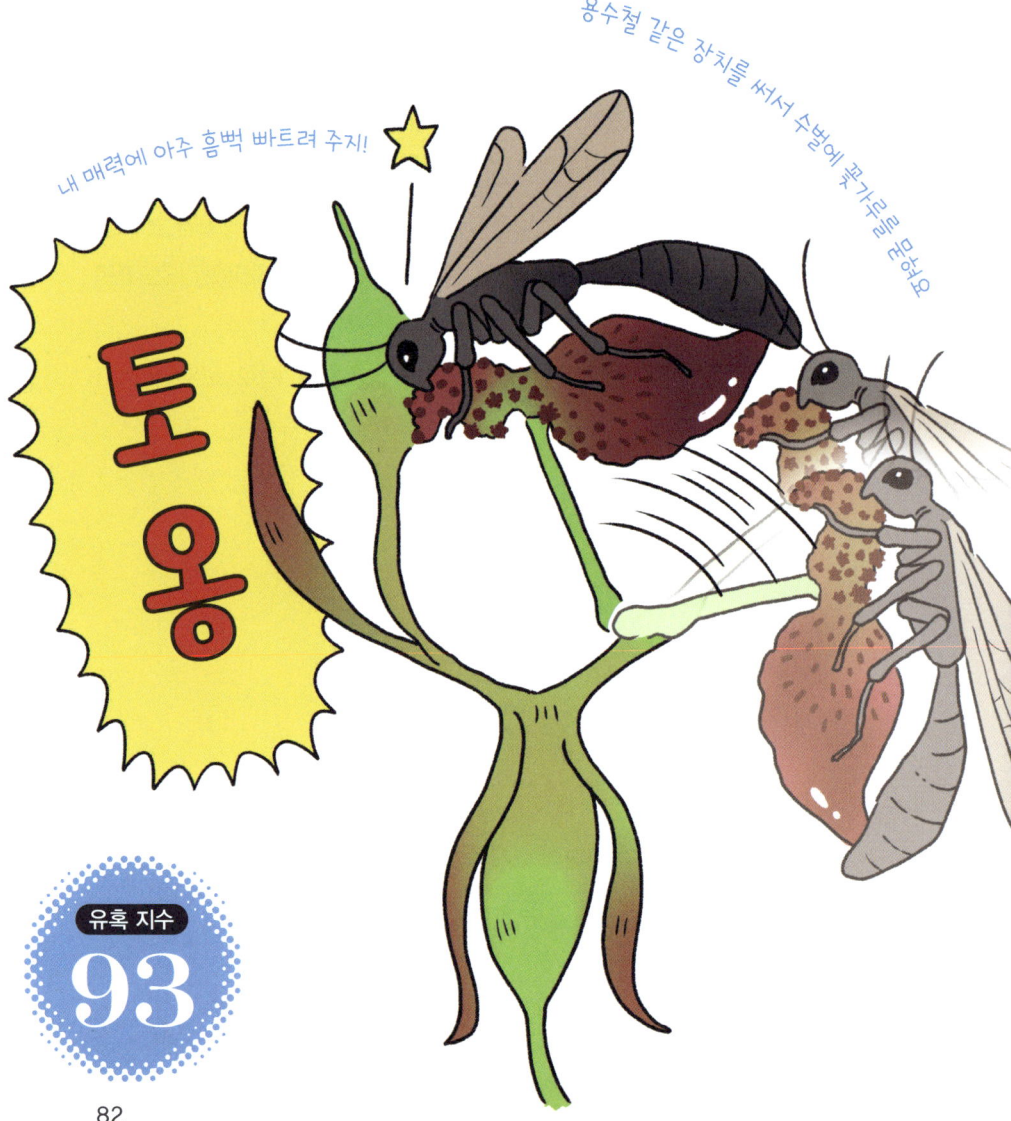

제2장

정말 놀라운 식물들 [놀라운 이야기 / 해머오키드]

꽃을 암벌처럼 꾸며 수벌을 끌어들인다

생물은 대부분 이성과 관계를 맺으며 자손을 남깁니다. 인간도 예외는 아니라서, 겉모습을 꾸미거나 향수를 뿌려 이성과 가까워지려고 하지요.

자연에도 이 같은 속임수로 이성을 부르는 식물이 있는데, 바로 호주에 사는 해머오키드라는 난초입니다.

해머오키드는 수벌의 도움으로 꽃가루를 옮겨 꽃가루받이를 하는데, 그 방법이 정말 기가 막힙니다. 해머오키드의 꽃은 타이니드말벌 암컷과 정말 똑같이 생겼어요. 이 모습에 깜빡 속은 수벌이 꽃에게 다가오면, 해머오키드는 이성을 유혹하는 물질인 페로몬을 풍기며 약삭빠르게 수벌을 끌어들이지요.

꽃을 암컷인 줄로만 알고 날아온 수벌이 짝짓기를 하려는 그때! 갑자기 꽃잎이 꺾이며 톡 하고 수벌에 꽃가루를 잔뜩 묻혀요. 이처럼 해머오키드는 곤충을 이용해 꽃가루받이를 한답니다.

이름	해머오키드(난초과)
크기	키 10~40cm
사촌인 식물	바닐라, 석곡 등

사는 곳 호주 남서부

마음의 소리

수컷을 속이는 건 식은 죽 먹기

내가 흉내 내는 타이니드말벌 암컷은 날개가 없어서 번식기가 되면 식물 줄기 위로 올라가 페로몬을 뿜어. 우리는 이런 습성을 잘 이용하고 있는 거지. 머리는 다~ 쓰기 나름이라고. 그래도 이렇게 쉽게 속을 줄이야! 수컷이란 참 단순하단 말이지.

놀라운 이야기

알맹이가 색색으로 아롱지는 유리보석옥수수

사실은 우주에서 온 식물이라는 소문도!

미국의 한 농가에서 태어났어요

예쁨 지수
90

제2장

정말 놀라운 식물들 [놀라운 이야기 / 유리보석옥수수]

품종 개량으로 태어난 무지갯빛 식용 열매

찌거나 굽거나 수프로 끓이는 등, 우리가 먹는 옥수수는 주로 알맹이가 희거나 노란색입니다. 하지만 갖가지 색 알맹이가 고루 섞인 '유리보석옥수수'라는 품종도 있답니다. 알맹이가 보라색, 까만색, 녹색, 빨간색, 주황색 등으로 알록달록하고 반투명이어서 진짜 보석처럼 반짝반짝 예쁘게 빛나지요.

보기만 해도 신기한 유리보석옥수수는 식물의 본디 성질을 바꾸어 더 좋게 만드는 품종 개량을 통해 태어났어요. 원래 옥수수는 품종에 따라 알맹이 색이 제각각이에요. 갖가지 옥수수를 교배해서 색을 섞은 결과, 무지갯빛 옥수수를 만들어 낼 수 있게 된 것이지요.

평소에 보던 옥수수와 색이 달라서 '먹어도 괜찮을까?' 하고 생각할 수도 있을 텐데요. 물론 먹을 수 있답니다. 다만 단맛이 적어서 주로 팝콘을 튀길 때 쓰인다고 해요.

이름	유리보석옥수수(볏과)
크기	키 1.5~2m
사촌인 식물	밀, 사탕수수 등
사는 곳	전 세계의 열대·온대 지방에서 재배(주로 남북아메리카 등)

마음의 소리

우리 모두 키울 수 있어!

우리를 키우는 방법은 보통 옥수수들과 같아. 식물 재배용 화분이나 용기에 심어도 되거든. 씨앗도 쉽게 구할 수 있어. 일곱 빛깔로 아롱지는 우리 몸을 직접 보고 싶다면, 씨앗부터 한번 시작해 보렴!

놀라운 이야기

통발은 먹이를 훅 빨아들여 잡아먹는다

물고기를 잡는 도구인 '통발'에서 온 이름

옴마야

물 위로 건져낼 때 벌레잡이주머니에서 소리가 나요

흡입 지수
75

제2장

정말 놀라운 식물들 [놀라운 이야기 / 통발]

물속에 잔뜩 달린 주머니로 먹이를 빨아들여 가둔다

　식충 식물은 보통 벌레를 가두거나 통에 떨어트려 잡아먹지만, 통발은 방식이 약간 다릅니다. 여기저기 달린 주머니로 먹이를 빨아들여 잡기 때문이지요.

　연못이나 늪의 수면 아래에 떠다니며 사는 수초(水草)인 통발은 뿌리가 없어요. 대신 잎자루에 주렁주렁 달린 자그마한 벌레잡이주머니 속으로 벌레를 빨아들여 양분을 얻습니다.

　이 벌레잡이주머니는 평소 2~5mm 가량의 크기로 납작하게 찌부러져 있어요. 입구에는 안테나 역할을 하는 수염이 달려 있는데, 통발은 수염에 먹이가 닿으면 입구를 확 열어 주변 물과 함께 순식간에 먹이를 삼켜 버립니다. 빨아들이자마자 입구를 꽉 닫으므로 갇힌 먹이는 탈출할 수 없지요.

　주머니에 갇힌 먹이는 결국 통발에게 영양분을 빨아 먹히는 신세가 된답니다.

이름	통발(통발과)
크기	줄기 지름 0.3~2mm, 잎 길이 1.5~4.5cm, 꽃 크기 10~30mm
사촌인 식물	샌더소니, 벌레잡이제비꽃 등
사는 곳	한국을 비롯한 전 세계의 열대 지방 등

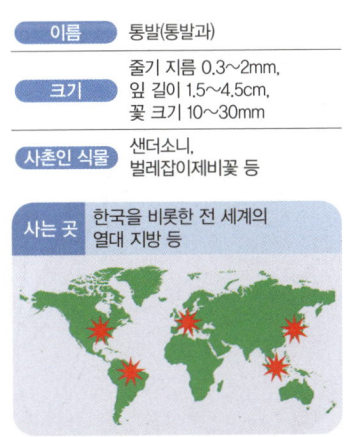

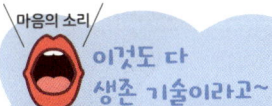

마음의 소리

이것도 다 생존 기술이라고~

늘 물에 잠겨 있으니 영양분이 부족할 일은 없어 보이겠지만, 우리가 사는 연못이나 늪에는 양분이 풍족하지 않아서 그냥 있다가는 죽고 말아. 그래서 벌레 따위를 잡아 양분을 보충하는 거란다.

세계에서 가장 큰 식충 식물
네펜데스라자

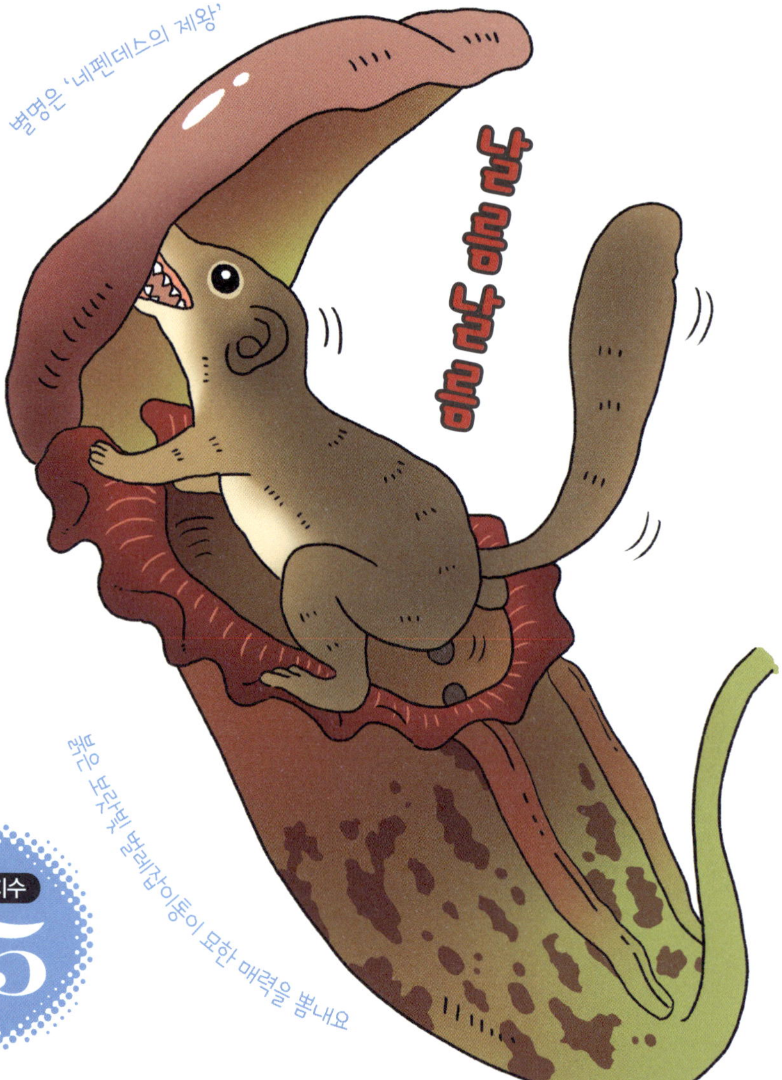

별명은 '네펜데스의 제왕'

날름 날름

붉은 보라빛 뚜껑이 묘한 매력을 뽐내요

덩치 지수
95

제2장

정말 놀라운 식물들 [놀라운 이야기 / 네펜데스라자]

사람 얼굴보다도 훨씬 큰 벌레잡이통

 여러분은 세계에서 가장 큰 식충 식물을 알고 있나요? 정답은 바로 벌레잡이통풀 중에서도 먹이를 통에 떨어트려 잡아먹는 '네펜데스'입니다. 그중에서 특히 '네펜데스라자'는 다른 네펜데스와는 비교도 안 될 만큼 어마어마한 크기를 자랑하지요.

 '라자'는 왕이라는 뜻인데, 이름대로 이 식물은 통 크기가 약 45cm, 통 입구 지름이 15~20cm라는 엄청난 크기로 자랍니다.

 벌레잡이통 속도 아주 넓고 깊어서, 잡힌 먹이를 녹이는 소화액이 섞인 물이 무려 3.5L나 들어 있어요. 평소에는 바퀴벌레나 노래기 같은 벌레를 잡아먹지만 때때로 쥐, 도마뱀, 작은 새 같은 동물도 잡아먹는다고 해요!

 네펜데스라자는 남다른 크기와 색으로 많은 사랑을 받는 식물입니다. 그래서 직접 키우는 사람도 적지 않다고 하네요.

이름	네펜데스라자(벌레잡이통풀과)
크기	벌레잡이통 크기 약 45cm
사촌인 식물	네펜데스앰퓰라리아 등
사는 곳	말레이 제도의 보르네오섬

마음의 소리

자연계의 화장실 담당

나는 '투파이아'라고 하는 나무두더지와 서로 도우며 사는 공생(共生) 관계야. 벌레잡이통 뚜껑 안쪽에서 나오는 달콤한 꿀을 주는 대신에, 통 안에 영양분이 풍부한 똥을 누게 한단다. 양분을 규칙적으로 얻을 수만 있다면, 그까짓 화장실 역할 정도야 얼마든지 해 줄 수 있지!

놀라운 이야기

눈에 잘 띄지 않을 만큼 작은 식충 식물
미누티시마

꽃이 귀이개처럼 생겨서 일본에서는 '꼬마귀이개풀'이라고 불러요

카메라로도 찍기 어려울 정도로 작다잖은가래!

빨려 들어 간다!

키에 ~엑!

쪼꼬미 지수
92

살려 줘~

헉!

으어어

제2장

정말 놀라운 식물들 [놀라운 이야기 / 미누티시마]

깜찍하면서도 냉정한 두 얼굴의 사냥꾼

미누티시마는 늪이나 얕은 물가에 사는 식물로 물 위로 내민 줄기 끝에 연분홍빛의 어여쁜 꽃을 피우고 동그란 열매를 맺습니다.

특징은 다름 아닌 '크기'로 전체 키가 1~2cm, 꽃 크기가 1~2mm밖에 되지 않는 작디작은 식물이에요. 줄기가 머리카락보다 가늘어서 맨눈으로 보면 잘 보이지 않을 정도랍니다.

꽃은 물 위로 내민 줄기 끝에 딱 한 송이 피는데, 은은한 색과 가냘픈 모습이 정말 사랑스럽지요. 그런데 겉보기와는 다르게 이 식물은 먹이를 잡아 영양분을 빨아 먹는 식충 식물입니다.

이렇게 작은 사냥꾼에게 과연 무엇이 걸리나 싶겠지만, 바로 조그마한 플랑크톤과 박테리아가 걸려요. 미누티시마는 '통발과' 식물의 일종으로, 여기저기 실처럼 뻗은 땅속줄기에 아주 작은 벌레잡이주머니가 잔뜩 달려 있어요. 먹이가 주머니 가까이 오면 쭉 빨아들여 양분을 흡수해요.

이름	미누티시마(통발과)
크기	키 1~2cm, 꽃 크기 1~2mm
사촌인 식물	땅귀개샌더소니, 벌레잡이제비꽃 등

사는 곳: 호주, 일본 등 아시아

마음의 소리

찾기 힘들어서 더 문제야.

일본에서는 환경이 변한 탓에 수가 엄청나게 줄어들어서 멸종 위기 야생 식물로도 지정되어 있어. 본디 드문 식물이기도 하지만, 너무 작아서 사람들이 우리를 잘 발견하지 못하는 탓이기도 해. 이렇게 앙증맞게 태어나기도 쉽지 않은데 멸종 위기라니 정말 마음이 아프다…

놀라운 이야기

리톱스는 조약돌 흉내를 낸다

식물을 좋아하거나 모으는 사람들에게 큰 사랑을 받고 있어요

이름은 '돌을 닮은 식물'이라는 뜻

위장술 지수
80

제2장

정말 놀라운 식물들 [놀라운 이야기 / 리톱스]

주변 환경에 스며들 듯 어우러지는 변장 전문가

어떤 곤충들은 천적에게 먹히지 않으려고 식물 흉내를 냅니다. 그런데 식물들 중에서도 스스로 모습을 바꿔 자신의 몸을 지키는 식물이 있답니다.

자갈이 많은 사막이나 돌밭에 사는 리톱스는 선인장과 같은 다육 식물로, 탱글탱글하게 부푼 아기 엉덩이 모양의 잎사귀가 특징이에요. 그리고 리톱스는 주변에 굴러다니는 돌처럼 보이도록 잎의 색이나 모양을 바꿔요. 어찌나 감쪽같은지 진짜 조약돌 같답니다! 물을 얻으려 식물을 찾아다니던 사막 동물들은 리톱스를 봐도 돌멩이인 줄 알고 그냥 지나쳐 버리지요.

리톱스는 종류에 따라 잎의 생김새가 가지각색이에요. 갈색, 초록색, 빨간색, 하얀색, 보라색 등으로 색깔도 다양하고, 얼룩이 있거나 골이 파인 모양도 있어요. 또 잎 사이 틈에서 예쁜 꽃을 피우기도 하여 관상 식물로 인기가 좋답니다.

이름	리톱스(석류풀과)
크기	키 약 5cm
사촌인 식물	리빙스턴데이지, 송엽국 등

사는 곳: 아프리카의 건조 지대

마음의 소리

해마다 탈피를 하지!

우리는 해마다 한 번 정도 탈피를 하는 보기 드문 식물이야. 탈피를 할 때는 낡은 잎이 양쪽으로 벌어지면서 새잎이 안에서 밀고 올라와. 낡은 잎은 바싹 말라 새잎 밑으로 달라 붙는단다.

놀라운 이야기

칼란드리니아는 사막에 꽃밭을 이룬다

모래 바다 위로 펼쳐지는 '꽃의 사막'

수년 동안 한 번만 피는 드물디드문 꽃 잔치!

명장면 지수
95

제2장

정말 놀라운 식물들 [놀라운 이야기 / 칼란드리니아]

메마른 사막 위에 촉촉한 꽃밭이?

사막하면 황토색 모래와 바위가 지평선 너머로 아득히 이어진 풍경을 떠올리는 사람이 많을 거예요. 하지만 사막의 모습은 이뿐만이 아니에요. 어떤 사막에서는 짠! 하고 순식간에 꽃밭이 펼쳐지기도 한답니다.

칠레의 아타카마 사막에 사는 칼란드리니아라는 식물은 평소에는 땅 아래에 알뿌리 상태로 잠들어 있습니다. 사실 칼란드리니아는 어마어마하게 큰 무리를 지어 사는 식물이에요. 근처 흙을 떠서 체로 쳐 보면 씨가 우수수 나온다고 해요.

이 식물이 싹을 바로 틔우지 않는 이유는 다음과 같습니다. 비가 거의 내리지 않는 사막에서는 물이 조금 있다고 싹을 틔우면 바로 말라 죽고 말아요. 그래서 칼란드리니아는 비가 억수로 퍼붓기만을 기다렸다가, 때가 되면 깨어나 여럿이 한꺼번에 싹을 틔우지요.

그리고 몇 주 동안 꽃을 피웠다가 다시 알뿌리만 남긴 채 기나긴 잠에 빠집니다. 이런 까닭에 사막에서 놀라울 만큼 넓은 꽃밭이 나타나기도 하는 것이랍니다.

이름	칼란드리니아(쇠비름과)
크기	키 10~20cm
사촌인 식물	쇠비름, 채송화 등

사는 곳   남아메리카, 남아프리카 등

마음의 소리

가랑비와 큰비를 구별해!

사막에 사는 우리는 알뿌리를 특수한 물질로 감싸기 때문에 평소에는 싹이 잘 트지 않아. 이 물질이 빗물에 완전히 씻겨 나가고 나서야 싹이 나올 수 있지. 이런 방법으로 조금 뿌리고 마는 가랑비와 성장할 수 있을 만큼 흠뻑 내리는 큰비를 구별한단다.

놀라운 이야기

벌레만 딱 가려 잡는 사냥꾼
파리지옥

잎 가장자리의 털이 비너스의 속눈썹과 닮아서 붙은 별명은 '비너스의 파리 덫'

턱!

솜씨 지수
95

다윈도 인정한 '세계에서 가장 놀라운 생물'

제2장

정말 놀라운 식물들 [놀라운 이야기 / 파리지옥]

벌레와 벌레가 아닌 것을 알아채고 사로잡는다

　파리지옥은 이름 그대로, 파리 같은 곤충을 잡아먹는 식충 식물입니다. 큼지막한 입 같은 잎사귀 두 장을 쩍 벌리고 있다가, 그 안에 벌레가 들어오면 꾹 다물어 가두어 버려요. 잎 사이에 갇힌 벌레는 며칠에 걸쳐 천천히 영양분을 빨아 먹히는 신세가 되지요.

　이따금 빗방울이나 작은 이파리처럼 벌레가 아닌 것이 들어오기도 하지만, 이럴 때는 잎을 오므리지 않습니다. 잎 안쪽에 달린 '자극 털'로 무엇이 들어왔는지 알아내기 때문이에요.

　'감각모(感覺毛)'라고도 하는 이 털은 입 같은 두 잎사귀 안쪽에 3~4개씩 달려 있어요. 무언가가 이 털에 잇달아 두 번 넘게 닿아야만 파리지옥은 잎을 닫습니다. 감각모가 연속해서 또는 여럿이 반응한다면, 파리지옥은 잎 사이에 들어온 것이 벌레라는 사실을 알 수 있지요.

이름	파리지옥(끈끈이귀개과)
크기	키 10~15cm
사촌인 식물	벌레먹이말, 끈끈이주걱 등

사는 곳	북아메리카

 마음의 소리

감각모의 또 다른 능력

잎을 닫은 뒤, 우리는 감각모로 벌레에 단백질이 얼마나 있는지 살펴봐. 그리고 단백질이 없는 듯하면 잎을 다시 열지. 다만 잡힌 것이 벌레라면 열흘 동안은 잎을 닫은 채로 지내. 아주 천천히 먹이의 몸을 녹이면서 영양분을 빨아먹는단다.

놀라운 이야기

소크라테아엑소리자는 수없이 많은 다리로 걷는다

식물이 살기에 좋지 않은 환경인 열대 우림에서 살아요

생존 경쟁에서 살아남기 위해 생긴 이동 능력

이동 지수
70

정말 놀라운 식물들 [놀라운 이야기 / 소크라테아엑소리자]

제2장

여러 갈래로 다리를 뻗어 빛을 따라다닌다

　식물은 땅에 뿌리를 내리고 사는 종류가 대부분이라 그 장소에서 벗어날 일이 거의 없지요. 그런데 에콰도르에 사는 소크라테아엑소리자는 빛을 쫓아 이동하는 식물입니다. '걸어 다니는 야자나무'라는 별명만 들어도 알 수 있지요.

　이 식물은 땅속으로 뻗어 줄기를 버티는 받침 뿌리를 문어발처럼 여러 개 만들어 몸 전체를 지탱해요. 빛이 드는 쪽으로 줄기를 비스듬히 기울이며 성장하는데, 이때 무게 중심이 옮겨간 쪽으로 몸을 받치듯 새로운 받침 뿌리가 자라나요. 반대로 무게가 실리지 않는 곳의 받침 뿌리는 자기 할 일을 마치고 사라집니다. 이런 식으로 빛 쪽으로 조금씩 이동하는 것이지요.

　움직인다고는 했지만, 이동 거리는 1년에 약 10cm일 뿐이라 '돌아다닌다'라고 할 수는 없습니다. 보일 듯 말 듯, 아주 살며시 빛에 다가간다고 하는 편이 정확하겠네요.

이름	소크라테아엑소리자(야자과)
크기	키 15~20m
사촌인 식물	코코넛야자, 대추야자 등

사는 곳　중앙아메리카~남아메리카

마음의 소리
유명한 철학자에서 따온 이름

원가 있어 보이는 내 이름은 그 유명한 고대 그리스의 철학자 '소크라테스'에서 따 왔어. 소크라테스는 늘 생각에 잠긴 채 걸어 다니면서 주변 사람과 서로 묻고 답을 했다고 해. 나도 걸어 다니는 식물이라 이런 이름이 붙은 거야. 나한테 참 잘 어울리지?

놀라운 이야기

알고 보면 굉장히 똑똑한 칡

한의학에서는 칡뿌리를 '갈근(葛根)'이라고 해요

아침 — 잎을 활짝 열어 광합성을 해요

햇살이 쨍쨍 내리쬘 때 — 잎을 세워 직사광선을 피하죠

밤 — 잎을 푹 숙여 잠을 자듯 쉬지요

뿌리까지 싸그리 뽑아 줄 테다!

똑소리 지수 **85**

일본에서는 칡을 가을에 꽃이 피는 7가지 대표 풀로 꼽아요

제2장

정말 놀라운 식물들 [놀라운 이야기 / 칡]

잎 방향을 자유자재로 바꾸는 영리한 식물

이름이 한 글자인 식물 '칡'은 다른 나무를 칭칭 감고 올라가는 덩굴 때문에 남에게 기대어 사는 것처럼 보이지만, 알고 보면 굉장히 영리한 식물입니다.

식물은 영양분을 만들기 위해 광합성을 합니다. 그런데 잎에 쏟아지는 빛이 지나치게 세면 오히려 광합성에 방해가 되지요. 그래서 칡은 낮이면 잎을 위로 세워 햇빛에 너무 많이 닿지 않도록 각도를 조정합니다. 그리고 밤이 되면 잎 뒷면에서 수분이 증발하지 않도록 잎을 아래로 축 늘어트린 채 편안하게 쉬지요.

이처럼 잎을 마음대로 움직이면서 효과적으로 광합성을 하는 칡은 생존과 번식 능력이 대단히 뛰어난 식물입니다.

하지만 번식력이 너무 강한 탓에 '세계 100대 악성 침입 외래종'으로 지정되기도 했다네요….

이름	칡(콩과)
크기	최대 덩굴 길이 약 10m
사촌인 식물	가는살갈퀴, 아카시아 등
사는 곳	한국, 북아메리카 등의 아열대 지방, 일본

마음의 소리

지금까지는 잘 지냈건만…

나는 오래전부터 식용 식물이나 약초로 쓰여 왔어. 칡뿌리 가루로 빚은 떡도 꽤 유명하지. 하지만 요즘 들어 인간과 사이가 틀어져 버렸지 뭐야. 특히 북아메리카에서는 '최악의 잡초'로 알려져 있으니 정말 안타까워.

놀라운 이야기
미모사는 자기 몸을 지키려고 고개를 숙인다

제2장

정말 놀라운 식물들 [놀라운 이야기 / 미모사]

몸을 지키려고 오늘도 열심히 고개를 숙인다

미안한 마음을 전하는 일은 사람들 사이에서 굉장히 중요하지요. 여러분도 누군가를 화나게 했을 때 고개 숙여 '죄송합니다'라고 사과한 적이 있을 것입니다. 그런데 식물 중에도 고개를 숙여 위기를 벗어 나는 미모사라는 풀이 있답니다.

미모사는 무언가에 닿으면 잎을 닫고 수그러들어요. 이 모습이 꼭 미안하다고 인사를 하는 듯해서 일본에서는 '사과하는 풀'이라고 불리기도 하지요. 미모사는 새 따위의 천적에게 먹히지 않으려고 또 비바람이나 지나치게 센 햇빛을 피하려고 이런 몸짓을 한다고 해요. 자신의 몸을 보호하기 위해 고개를 숙이는 것이지요.

식물에는 잎자루에 잎을 움직이는 '잎터'라는 장치가 있는데, 미모사 역시 이 잎터로 잎을 열고 닫아요.

이름	미모사(콩과)
크기	키 20cm~1m
사촌인 식물	칡, 자귀나무 등

사는 곳: 중앙아메리카, 남아메리카, 일본 오키나와

내 꽃에도 눈길 좀 줘~

'미모사' 하면 너도나도 고개 숙여 절한다는 이야기만 하는데, 그게 다가 아니야. 보송보송한 분홍빛 꽃도 얼마나 예쁘다고….

털모자 끝에 달린 복슬복슬한 방울 장식 같지?

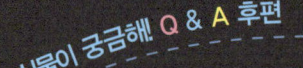 식물이 궁금해! Q & A 후편

어디가 어떻게 다른 걸까?

Q. 나무와 풀은 어디가 어떻게 다른가요?
A. 가장 큰 차이는 '줄기 구조'

나무와 풀은 '줄기가 딱딱해지는지 아닌지'로 구분해요. 영양소나 수분이 지나가는 관다발 같은 기관은 나무에도 풀에도 있지만, 이런 관들을 지탱하는 '물관부'라는 통로가 굳어 단단한 줄기를 이룬 것이 나무입니다.

Q. 숲(林), 잡목림(雜木林), 삼림(森)은 각각 어떻게 다른가요?
A. 정확한 분류 기준은 없으며 종류나 위치에 따라 조금씩 달라져요

숲: 어느 정도는 비슷한 종류의 나무가 자라는 곳이에요. 일본어로 기르다라는 뜻의 '하야스(生やす)'라는 단어가 '사람이 직접 기른 숲(하야시·林)'으로 변했다는 이야기도 있어요.
잡목림: 여러 가지 식물이 뒤섞여 자라는 평평한 장소를 뜻해요.
삼림: 다양한 식물이 빽빽하게 우거진 곳이에요. 한자로 '수풀 삼(森)', '수풀 림(林)'을 써요.

Q. 잎이 떨어지는 나무도 있고, 떨어지지 않는 나무도 있는데 왜 다른가요?
A. 겨울에 수분을 얼마나 얻을 수 있는지에 따라 달라져요

추운 겨울에는 나무도 활동이 둔해져서 물을 흡수하기 어려워요. 그래서 나무는 잎에서 수분이 빠져나가지 않도록 잎을 떨어트리지요. 잎이 떨어지지 않는 나무는 기후가 따뜻한 곳에서 많이 삽니다.

겨울에도 잎이 잔뜩 달린 식물 중에는 잎사귀가 동백나무 잎처럼 진한 녹색에 윤이 나는 풀이나 나무가 많아요.

제 3 장

정말 재밌는 식물들

재밌는 이야기

시클라멘의 별명은 군침 도는 '돼지 빵'

← 식물학자

영어로 'Sow-bread', 즉 '암퇘지의 빵'이라는 뜻이니까 줄여서…

돼지 빵

예쁜 겉모습과는 달리 독이 있답니다

말도 안 돼!

· · · · · · ·

잔재미 지수
80

일본에서는 시클라멘을 화분에 많이 심는다고 해요

제3장

정말 재밌는 식물들 [재밌는 이야기 / 시클라멘]

'돼지 빵'이라는 별명은 시클라멘의 영어 이름에서 온 것

시클라멘은 겨울을 대표하는 꽃으로 잘 알려진 식물입니다. 꽃은 정말 귀엽고 사랑스럽지만 좀 우스운 별명이 붙어 있어요. 그 이름은 다름 아닌 '돼지 빵'이랍니다.

어쩌다가 이렇게 불리게 되었을까요? 예전에 영국에서는 풀어 기르는 돼지가 땅 속에 있는 시클라멘의 알뿌리를 코로 파내어 먹었다고 해요. 그래서 시클라멘에 '돼지 빵'이라는 별명이 붙게 되었지요. 그리고 일본에서는 어떤 식물학자가 이 별명을 그대로 가져와 시클라멘에 '돼지고기 찐빵(豚の饅頭, 부타노만주)'이라는 이름을 붙였다고 하네요.

배고플 때 들으면 꼬르륵 소리가 절로 나는 이름이지요? 하지만 시클라멘 뿌리에는 독이 들어 있으니 절대로 먹으면 안 돼요. 실수로라도 입에 닿지 않도록 조심하세요!

이름	시클라멘(앵초과)
크기	키 10~70cm
사촌인 식물	자금우, 좁쌀풀 등

사는 곳	지중해 연안, 한국, 일본에서도 재배

마음의 소리

다른 이름으로 불러 줘!

사실 우리에게는 별명이 하나 더 있단다. 꽃이 활활 타오르는 불꽃처럼 아름다워서 '모닥불 꽃'으로 불리기도 해.

꽃의 산뜻한 색깔과 생김새가 잘 담긴 이름이지?

재밌는 이야기

큰개불알풀은
열매 생김새를 딴 이름이다

부끄부끄 지수
92

꽃말은 '기쁜 소식', 다른 이름은 '봄까치꽃'이에요

제3장

정말 재밌는 식물들 [재밌는 이야기 / 큰개불알풀]

닮았다? 안 닮았다? 부끄럽기 짝이 없는 열매 모양

봄이 다가올 무렵, 길섶이나 덤불에 핀 작은 하늘색 꽃을 본 적이 있나요? 이름이 좀 특이한 이 식물을 '큰개불알풀'이라고 해요. 말 그대로 커다란 개의 고환을 나타내는 불알을 뜻하는 표현입니다.

어쩌다가 이렇게 부끄러운 이름이 붙은 것일까요? 그 이유는 바로 큰개불알풀의 '열매 모양'에 있습니다. 두 쪽으로 벌어져 둥글게 부풀어 오른 열매가 옛날 사람들 눈에는 꼭 개의 불알처럼 보였는지 겉모습 그대로 이름을 붙였다고 해요. 자세히 보면 그런 것 같기도 하고 아닌 것 같기도 하고…. 지금 사람들이라면 '하트 모양 열매'처럼 귀여운 이름을 붙였을지도 모르겠네요.

큰개불알풀과 비슷한 식물로는 옛날부터 우리 땅에서 살아 온 '개불알풀'이라는 식물이 있답니다. 개불알풀은 꽃잎이 보랏빛이고, 큰개불알풀보다 크기가 조금 작아요.

이름	큰개불알풀(현삼과)
크기	키 10~20cm
사촌인 식물	질경이, 금어초 등
사는 곳	한국을 비롯한 아시아, 유럽, 남북아메리카, 오세아니아, 아프리카 등

마음의 소리
다른 예쁜 이름도 있어!

우리에게는 '봄까치꽃'이라는 멋들어진 이름도 있단다. 다들 이 이름으로 불러 주면 좋겠는데….

봄소식을 알리는 우리에게 딱 맞는 이름이야.

재밌는 이야기

털별꽃아재비는
안타깝게도 쓰레기장에서 처음 발견됐다

있는 그대로 지수
85

봄에서 초겨울에 걸쳐 귀여운 꽃을 피워요

제3장

정말 재밌는 식물들 [재밌는 이야기 / 털별꽃아재비]

첫 만남과 이름을 짓는 감각은 식물에게도 중요해!

식물 중에는 생김새나 특징이 그대로 이름으로 남은 나무나 풀이 꽤 많아요. 또 발견된 곳이나 상황을 따서 이름을 붙인 식물도 가끔 있답니다.

그런 식물 중 하나가 바로 털별꽃아재비입니다. 일본어로 '하키다메기쿠(ハキダメギク)'라고 불리는 이 식물은 도쿄의 한 쓰레기장에서 발견되었다고 해요. '쓰레기장(ハキダメ, 하키다메)에 핀 '국화(ギク, 기쿠)를 닮은 꽃'이라서 하키다메기쿠가 된 것이지요. 어쩌면 이렇게 아무 고민 없이 이름을 지었을까요? 혹시 발견된 곳이 쓰레기장이 아니라 다른 장소였다면 조금은 예쁜 이름이 붙었을 텐데 말이지요.

털별꽃아재비의 일본 꽃말은 어떤 어려움에도 지지 않는 '불굴의 정신'이라고 해요. 거친 환경에서도 꺾이지 않는 굳센 모습이 잘 담겨 있습니다.

반면 한국에서는 꽃이 별꽃처럼 작고 희며 털이 많아서 털별꽃아재비라고 부른답니다.

이름	털별꽃아재비(국화과)
크기	키 10~60cm
사촌인 식물	양미역취, 민들레 등

사는 곳: 한국을 비롯한 아시아, 열대 아프리카, 아프리카, 유럽

마음의 소리 — 쓰레기장에만 살지 않아!

비록 이름에는 쓰레기장이 들어 있지만, 뜰이나 수풀 등 어디에나 피어 있으니 한번 찾아보렴!

잎과 줄기에 '털'이 많고 꽃이 '별'을 닮아 한국에서는 털별꽃아재비라고 불러.

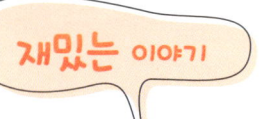

무섭기로는 으뜸가는 이름
산뱀딸기

남들이 저한테
'산뱀딸기'라고 하던데요…

독 없음! 아무 맛도 안남!

: : : : :

평범 지수
82

제3장

정말 재있는 식물들 [재있는 이야기 / 산뱀딸기]

이름만 무섭지 사실 별것 없는 식물

봄철 과일인 딸기의 먼 친척 중에 이름이 살짝 꺼림칙한 산뱀딸기라는 식물이 있습니다. '뱀이 먹는 딸기라서', '이 딸기를 먹으러 온 작은 동물들을 뱀이 노려서', '뱀이 숨어 있을 만한 곳에 이 딸기가 자라서' 등 전해지는 이야기는 많지만 왜 이런 이름이 붙었는지는 정확하지 않다고 해요.

손끝만 한 크기의 새빨간 열매는 산딸기나 라즈베리처럼 새콤달콤 아주 맛있어 보인답니다. 이렇게 맛나 보이니 뱀이 먹는다고도 할 만하지만 사실 뱀은 이 딸기를 먹지 않는다고 해요. 또 산뱀딸기에 독이 있다고 믿는 사람도 제법 많아서 '독딸기'라고 불린다고도 합니다. 사람이 먹어도 탈이 나거나 하지는 않지만 아무런 맛도 향도 없어 먹는 재미는 없다고 하네요.

이름	산뱀딸기(장미과)
크기	키 10~20cm, 열매 크기 1~1.5cm
사촌인 식물	벚나무, 사과 등
사는 곳	한국 전 지역, 일본, 아시아 동남부

마음의 소리
겉모습은 누구에게도 지지 않아!

열매는 아무런 맛이 없지만 겉모습은 제법 괜찮지 않아? 번식력도 뛰어나서 가볍게 키울 수 있는 관상 식물로 딱이야. 맨땅이 드러난 곳을 가리거나 반사되는 햇빛을 막으려고 심는 식물인 '그라운드 커버 플랜츠(Ground cover plants)'로 나를 가꾸는 곳도 많아지고 있단다!

재밌는 이야기

이름과 특징이 딱 들어맞는
말똥비름

다들 힘내 거라!

부디 무럭무럭 자라다오~

씨가 아니라 '살눈'으로 떨어져 나와 번식해요

다둥이 지수
92

엄마!

엄마!

아빠!

제3장

정말 재밌는 식물들 [재밌는 이야기 / 말똥비름]

놀라울 만큼 특성이 잘 살아 있는 이름

어떤 사람이나 사물의 특징을 딱 잡아서 짧고 알기 쉽게 표현하기란 결코 쉬운 일이 아니지요. 그러고 보면 식물학자 중에는 이름을 짓는 감각이 뛰어난 사람이 많은 것 같기도 해요. 말똥비름 역시 이름에 특징이 잘 살아 있는 식물 가운데 하나입니다.

말똥비름은 씨 대신, 줄기와 잎자루 근처의 잎겨드랑이에 자신의 분신이기도 한 '살눈'을 만들어 떨어트리며 번식해요. 이 살눈이 떨어지는 모습이 마치 말 엉덩이에서 후드득 쏟아지는 말똥처럼 보여 '말똥', 잎이 쇠비름이라는 풀의 잎과 닮아 '비름'이라는 이름이 붙었답니다.

말똥비름의 또 다른 이름인 '만년초(萬年草)'에서는 강한 생명력을 엿볼 수 있어요. 말똥비름은 가뭄에 강한 다육 식물로 뽑아도 얼마간은 말라 죽지 않아요. 오히려 죽기 전에 살눈을 떨어트리면서 번식하기 때문에 '만 년이 지나도 마르지 않는 풀 만년초'라고 부른다고 해요. 정말 이름만 들어도 어떤 식물인지 알 것 같네요.

이름	말똥비름(돌나물과)
크기	키 7~20cm
사촌인 식물	기린초, 바위솔 등

사는 곳 : 한국, 일본

마음의 소리

내 꽃도 좀 봐 줄래?

다들 내 이름에만 관심을 보이는데, 작디작은 내 노란 꽃이 얼마나 얼마나 귀여운지 아니?

노란 별처럼 반짝반짝 빛나는 꽃이 참 깜찍하지?

재밌는 이야기

토마토는 채소일까 과일일까?

막상막하 지수
85

정말 재밌는 식물들 [재밌는 이야기 / 토마토]

제3장

채소냐 과일이냐를 놓고 온 나라가 들썩일 만큼 크게 벌어진 다툼

토마토는 채소일까요, 아니면 과일일까요? 여러분은 어떻게 생각하나요? 한때 미국에서는 토마토가 채소인지 과일인지를 놓고 토마토를 수입하는 회사와 농산물을 관리하는 정부 기관 사이에 큰 논쟁이 벌어진 적이 있었답니다. 좀처럼 결론이 나지 않아 결국 재판으로 어느 쪽 주장이 옳은지를 가리게 되었지요.

거의 1년을 기다린 끝에 나온 판결은 바로 '채소'였어요. 그 이유는 다음과 같아요. '토마토는 채소처럼 밭에서 나며, 수프나 소스 등 요리에는 쓰지만 달콤한 후식으로 먹지는 않는다. 따라서 토마토는 채소이다.'

원래 '채소냐 과일이냐'는 식물을 나누는 기준이 아니에요. 그저 사람이 구별하기 편하게 정해 두었을 뿐이고, 나누는 기준도 나라마다 모두 다르지요. 한국에서는 나무에 열리는 것을 '과일', 밭에서 나는 것을 '채소'라고 하고 밭에서 나지만 열매를 먹는 멜론이나 수박 등은 '열매 채소'라고 부른답니다.

이름	토마토(가짓과)
크기	열매 크기 약 3~9cm
사촌인 식물	감자, 고추 등

사는 곳: 전 세계에서 재배, 원산지는 남아메리카

마음의 소리
토마토를 더 많이 먹어 줘~!

한국 사람들은 토마토를 더 많이 먹어야 해. 터키나 이집트에서는 1년 동안 한 명이 먹는 토마토 소비량이 90kg을 넘는대. 그런데 한국에서는 한 명당 7kg밖에 안 돼. 하루에 방울토마토를 겨우 한두 개 먹는 정도 밖에 안 돼. 우리는 맛도 좋고 영양도 만점이니까 좀 더 많이 먹어 주길 바라!

제3장

정말 재밌는 식물들 [재밌는 이야기 / 무]

지금은 굵고 튼튼하지만 원래는 엄청 가늘었다고?!

우리가 퉁퉁하고 못생긴 다리를 비유할 때 쓰는 말 중에 채소인 '무'에 빗댄 '무 다리'라는 말이 있습니다. 남의 몸을 비웃는 이런 표현을 다른 사람에게 쓰면 절대로 안 되겠지요. 그런데 이 말이 과거에는 지금과는 정반대로 여성의 예쁜 다리를 칭찬할 때 쓰였다고 해요.

예전에 나오던 무는 요즘 무처럼 굵고 튼실하지 않고, 가늘고 매끈했습니다. 그래서 '무 다리'라는 말도 '희고 날씬한 예쁜 다리'라는 뜻으로 쓰였던 것이지요. 일본에서 가장 오래된 역사책인 《고사기(古事記)》에는 '마치 무처럼 하얗고 가는 팔'이라는 옛 시 구절이 나옵니다. 어쩌면 그 옛날에 먹던 무는 다리보다도 더 가늘었는지도 모르겠네요.

하지만 그 뒤로 무는 품종 개량을 거듭하면서 조금씩 굵어졌고, 우리나라의 조선 시대와 비슷한 시기인 일본 에도 시대(1603~1867)에 들어오면서 '무 다리'는 위에서 소개한 좋지 않은 뜻으로 자리 잡게 되었답니다.

- **이름**: 무(십자화과)
- **크기**: 뿌리 길이 30~70cm
- **사촌인 식물**: 브로콜리, 양배추 등
- **사는 곳**: 한국, 일본, 중국, 유럽 등에서 재배, 원산지는 지중해 연안

마음의 소리

일본의 대단한 무들

일본에서 나는 무 품종은 100가지도 더 된대. 이 가운데 몇몇 무는 세계 1위 기록까지 가지고 있어. '사쿠라지마무'는 세계에서 가장 크고 무거운데, 큰 것은 무게가 30kg도 넘어. 또 세계에서 가장 기다란 무인 '모리구치무'는 길이가 무려 2m도 넘는다고 해.

이엽시과 나무의 열매는 헬리콥터처럼 하늘을 난다?!

빙글빙글

팽그르르

아이디어 지수
82

두 개(이·二)의 잎(엽·葉) 날개가 달린 감(시·柿) 같은
열매가 열리는 종류(과·科)라서 '이엽시과'

제3장

정말 재밌는 식물들 [재밌는 이야기 / 이엽시과]

생존 본능에서 태어난 하늘을 나는 '날개'

식물은 나고 자란 곳에서 움직일 수 없습니다. 자식이기도 한 씨를 멀리 보내 후손을 늘리는 번식 활동은 자연에서 살아남기 위해 무엇보다 중요한 일이지요.

열대 지방에 사는 이엽시과나무는 키가 50m로, 15층 건물과 비슷할 만큼 아주 커다란 나무예요. 큰 키를 이용해서 씨를 먼 곳까지 날려 보내는 놀라운 기술을 쓰지요. 그리고 이엽시과의 씨에는 날개가 2~5장가량 달려 있는데, 높은 곳에서 떨어지면 이 날개가 마치 프로펠러처럼 뱅글뱅글 돌면서 멀리까지 날아갈 수 있답니다.

다른 식물들의 씨는 나무 아래에 똑바로 떨어지지만, 날개가 달린 이엽시과 씨는 천천히 떨어지면서 바람을 타고 하늘을 날아갑니다. 그 덕분에 나무 위에서 아래로 떨어질 때는 닿을 수 없는 먼 곳까지 갈 수 있지요. 이 날개는 높다란 나무가 빽빽하게 모여 자라는 정글에서 살아남고자 이엽시과나무가 생각한 지혜이자 생존 전략이랍니다.

이름	이엽시과(딥테로카르푸스과)
크기	키 30~60m, 씨 날개 길이 5~8cm
사촌인 식물	사라수, 쇼레아 수마트라나 등

사는 곳 전 세계 각지의 열대 지방

요즘 인기가 꽤 좋답니다

말린 장식용 꽃인 '드라이 플라워'에도 요새 나를 많이 쓴다고 해. 집안 장식품이나 문에 걸어 두는 고리 모양 꽃다발을 만들 때 활용해 보렴.

배드민턴 공처럼 생긴 모습이 신기하지?

재밌는 이야기

양배추는
경호원을 써서 몸을 지킨다

으~ 짜증 나…

제가 왔으니 걱정 마십쇼!

벌님, 구해줘요!

철벽 지수
90

적군의 적은 아군! 찰떡궁합 같은 공생 관계

제3장

정말 재밌는 식물들 [재밌는 이야기 / 양배추]

살아남을 수만 있다면 독이든 천적이든 가리지 않는다!

양배추는 우리와 친근한 식물이지요. 그런데 **양배추는 독성분과 천적 관계를 이용해서 자기 몸을 완벽하게 지킨다고 합니다.**

먼저 양배추 잎에는 '겨자유(Mustard oil)'라는 기름이 들어 있어요. 고추냉이처럼 매운맛이 나는데 사람이 먹어도 괜찮지만 **벌레들에게는 맹독이지요.** 양배추는 이 기름만으로 웬만한 벌레들은 물리칠 수 있답니다. 딱 하나, 배추흰나비 애벌레만 빼고요. 이 애벌레는 겨자유를 피하기는커녕 아주 좋아해요. 부모인 배추흰나비는 이 기름을 노리고 알을 낳으러 양배추를 찾아옵니다.

이 애벌레를 물리치기 위해 양배추는 **배추흰나비 애벌레의 '천적'을 끌어들여요.** 애벌레가 잎사귀를 갉아 먹기 시작하면 양배추는 냄새로 구조 신호를 보내요. 신호를 받고 날아온 배추나비고치벌은 배추흰나비 애벌레를 찾은 뒤, 몸에 알을 낳아 자기 새끼의 먹잇감으로 삼습니다. 말만 들어도 참 무시무시한 작전이네요.

이름	양배추(배추과)
크기	크기 3~20cm
사촌인 식물	무, 배추 등

사는 곳: 전 세계에서 재배, 원산지는 지중해 연안

마음의 소리

위의 소화 활동을 도와줘요

우리 양배추에는 캐비진(Cabagin)이라고 하는 '비타민 U'가 들어 있어. 이 신기한 성분은 양배추를 날것으로 먹으면 사람 몸에 흡수되어 위장이 잘 움직일 수 있도록 도와준단다! 기름에 튀기는 돈가스 같은 음식에도 채 썬 양배추를 곁들일 때가 많지? 양배추가 우리 위장을 보호해 주기 때문에 함께 먹는 거란다.

123

재밌는 이야기

나도 모르게
입 맞추고 싶어지는
사이코트리아엘라타

'뜨거운 입술'이나 '악마의 귀'라는 별명도 있어요

머어~엉

매력 지수
95

제3장

정말 재밌는 식물들 [재밌는 이야기 / 사이코트리아엘라타]

나비도 벌새도 입술의 매력에 빠져 빠져~

식물 중에는 '왜 이런 모습이 되었을까?' 하고 생각할 만큼 신기하게 생긴 풀이나 나무가 많아요. 그중에서도 으뜸은 역시 중남미 정글에 사는 사이코트리아엘라타입니다.

마치 새빨간 립스틱을 바른 입술처럼 생겨서 현지 사람들은 이 꽃을 '정글의 입맞춤(Kiss of jungle)' 등의 이름으로 부른다고 해요. 하지만 사이코트리아엘라타는 사람을 유혹하려고 이런 모습을 하는 것이 아닙니다. 이 꽃의 톡톡 튀는 색과 모양은 온통 초록으로 가득한 정글 속에서 꽃가루받이를 도와줄 나비와 벌새의 눈에 잘 띄려고 노력한 결과랍니다.

입술처럼 보이는 부분은 사실 꽃이 아니라 꽃송이를 감싸서 지키는 잎의 일종인 '포엽'입니다. 곧 포엽 사이로 진짜 꽃이 올라와 피기 때문에, 꽃이 피기 전 아주 짧은 동안에만 이 입술을 볼 수 있어요.

이름	사이코트리아엘라타(꼭두서닛과)
크기	포엽 폭 약 3cm
사촌인 식물	계요등, 치자나무 등

사는 곳 중남미의 열대 우림

마음의 소리
아픔을 막아 주는 약으로도 쓰여.

내 모습 좀 튀긴 튀지? 독이 있는 거 아니냐는 소리까지 들었지만 실은 오히려 그 반대야. 우리는 약으로 쓰였거든. 옛날에는 아픔을 막아 주는 진통제 역할을 했단다. 미국 원주민들에게는 더할 나위 없이 소중한 식물이었다고 해.

세계에서 가장 나이 많은 생물
강털소나무

뚜렷한 세월을 살아 온 오래된 나무가 아직 17그루나 남아 있어요.

장수 지수
100

제3장

정말 재밌는 식물들 [세계 으뜸 식물 이야기 / 강털소나무]

아득한 옛날부터 세상을 지켜 온 지구의 어르신

우리나라 사람의 평균 수명은 약 83세입니다. 다른 나라 사람들에 비하면 오래 사는 편이지만, 100살이 넘게 사는 고래나 거북에는 한참 못 미치지요. 한편 어떤 식물들은 인간 같은 동물과는 비교하기 힘들 만큼 오래 살아요. 태어난 지 무려 천 년이 넘었는데 아직도 자라고 있는 장수 식물도 있고요.

이처럼 오래 사는 식물 중 하나가 바로 강털소나무입니다. 이 나무는 미국 화이트 산맥에 살고 있는 '지구에서 가장 나이 많은 생물'인데요. 나이가 무려 4천 7백 살이랍니다! 인류가 이집트에서 이제 막 피라미드를 짓고 있을 무렵에 태어나 지금까지 그 오랜 세월을 4,300m가 넘는 높은 산 속의 모진 환경에서 꿋꿋이 살아 온 것이지요.

이 강털소나무 가운데 '므두셀라'라는 이름의 나무가 있습니다. 므두셀라는 〈노아의 방주〉 이야기에 나오는 노아의 할아버지로, 구약 성서 속 인물 중 가장 나이가 많아서 이 나무에도 같은 이름을 붙였다고 해요.

이름	강털소나무(소나무과)
크기	키 1m 이상
사촌인 식물	잎갈나무, 전나무 등

사는 곳 미국 화이트 산맥

마음의 소리
내가 어디 있는지는 비~밀!

요즘에는 나이 탓인지 몸 여기저기가 쑤시고 아프구나. 혹시라도 다치면 큰일이라 내가 있는 정확한 위치는 아무에게도 알려 줄 수 없단다.

거친 환경에서 살아남기 위해 줄기가 두껍고 배배 꼬여 있어.

세계 으뜸 식물 이야기

세계에서 가장 키가 큰 나무
세쿼이아

나무껍질이 두꺼워 산불이 나도 괜찮아요!

키다리 지수
92

제3장

정말 재밌는 식물들 [세계 으뜸 식물 이야기 / 세쿼이아]

하늘 끝까지 치솟은 '태양신'이라는 이름의 나무

이야기에 들어가기 전에 먼저 '100m 높이'를 머릿속으로 그려 볼까요? 건물로는 30층짜리 아파트 높이, KTX 기차 차량으로는 4.5개를 세워둔 길이와 비슷해요. 그래도 아직 100m가 어느 정도 높이인지 잘 와닿지 않지요? 지금 살아 있는 식물 가운데 세계에서 가장 키가 큰 나무의 높이가 이보다 15m나 더 높은 무려 115m랍니다!

이 나무는 미국 레드우드국립공원에 사는 세쿼이아(레드우드라고도 해요) 중 한 그루로, 정확한 높이는 115.55m입니다. 하늘을 꿰뚫을 듯 우뚝 선 이 나무는 그리스 신화에 나오는 태양신의 이름을 따서 '히페리온'이라고 불리지요.

또 이 공원에는 세계에서 두 번째로 높은 '헬리오스'(114.58m), 세 번째로 높은 '이카로스'(113.14m)라는 세쿼이아 나무도 건강하게 살아 있어요. 바로 이 세 그루가 세계에서 가장 키 큰 나무 1, 2, 3위랍니다. 이 밖에도 레드우드 공원에는 키가 100m에 가까운 세쿼이아들이 아주 많아서, 공원에서는 나무들이 자연 그대로 살 수 있도록 보호하고 있다고 해요.

이름	세쿼이아(측백나무과)
크기	최대 키 115m
사촌인 식물	노간주나무, 삼나무 등
사는 곳	북아메리카

마음의 소리

아직도 자라고 있어!

키로는 이미 세계 제일이지만, 나이는 600~800살 정도야. 사람으로 따지면 20살쯤이니 아직 한창 클 때지! 앞으로 더 쑥쑥 자라서 태양신 '히페리온'의 이름에 걸맞은 멋진 나무가 될 테야.

세계에서 가장 매운 고추
캐롤라이나리퍼

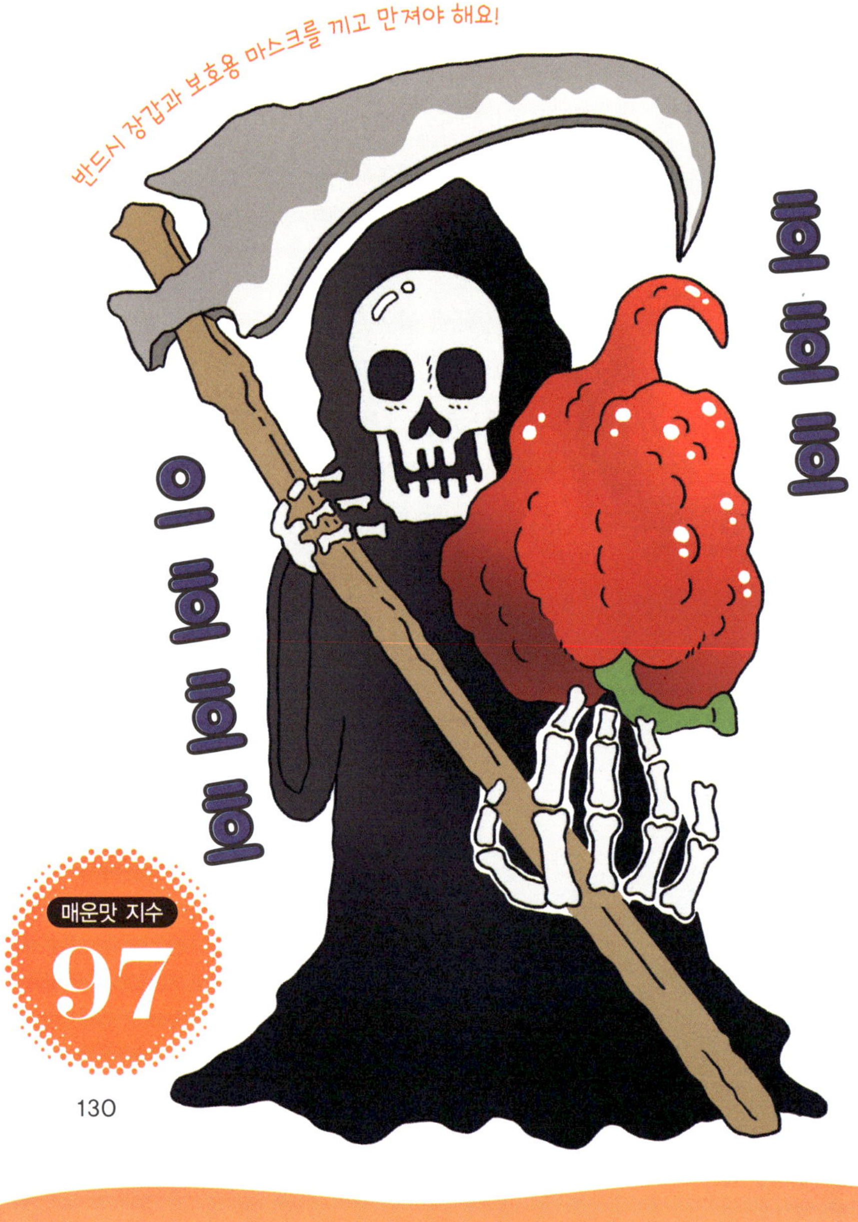

반드시 장갑과 보호용 마스크를 끼고 만져야 해요!

매운맛 지수 **97**

위험 물질인가?! 죽음을 부르는 저승사자의 고추

혹시 얼마나 매운지 알고 싶은 음식이 있나요? 그렇다면 '스코빌 지수(Scoville scale)'를 보세요. 이 지수는 고추 등에 들어 있는 매운맛 성분인 캡사이신 비율을 숫자로 나타낸 값이에요. 같은 고추 종류여도 전혀 맵지 않은 피망이나 파프리카(둘 다 스코빌 지수가 '0')를 기준으로 삼지요.

현재 세계에서 가장 매운 고추로 기네스북에 올라 있는 품종은 캐롤라이나리퍼로 매운맛 정도가 무려 160만 스코빌이나 된답니다! 한국에서 맵기로 소문난 청양고추는 1~3만 스코빌, 매운맛 과자나 라면 제품 이름으로 알려진 하바네로는 30만 스코빌이니 이 고추가 얼마나 매울지는 감히 상상조차 가지 않네요.

목숨을 걸고 먹어야 할 만큼 위험하기 짝이 없는 이 고추의 별명은 '캐롤라이나의 저승사자'입니다. 뾰족하게 튀어나온 끝부분이 서양의 저승사자가 사람의 목숨을 앗아갈 때 쓰는 커다란 낫과 닮아서 붙은 이름이라고 해요.

이름	캐롤라이나리퍼(가짓과)
크기	열매 크기 약 5cm
사촌인 식물	파프리카, 피망 등

사는 곳	미국 사우스캐롤라이나주

마음의 소리

'세계 제일' 자리를 내줘야 할지도?

음하하! 내 매운맛에 놀라지는 않았느냐? 그런데 요즘 나보다 더 매운 '페퍼 X'라는 녀석이 나왔다는 이야기를 들었도다. 매운맛이 짐의 두 배인 무려 318만 스코빌 지수라더군! 거참…. 이제 왕의 자리를 내줄 때가 온 듯하구나….

세계 으뜸 식물 이야기

세계에서 가장 큰 콩
음양자

콩알이 테니스공만 하게 커져요

덩치 지수
82

'콩알만 하다'라는 말은 잊어라!
보기만 해도 묵직~한 콩

흔히 '콩' 하면 완두콩이나 팥알처럼 1cm도 안 되는 작은 것을 떠올리기 마련입니다. 매우 작은 물건을 '콩알만 하다'라고 하거나 어쩌다 한 번 일이 생기는 모습을 '가뭄에 콩 나듯'이라고 하는 것처럼, '콩'은 크기가 작거나 수가 적다는 뜻으로 쓰일 때가 많지요. 그런데 콩의 이런 느낌을 싹 지워줄 만큼 어마어마하게 큰 콩이 있답니다!

이 콩은 바로 세계에서 가장 큰 콩인 '음양자'인데요. 한 알 크기가 무려 5cm로, 가끔 아이 주먹보다 큰 7cm짜리 콩알도 나온다고 해요. 이렇게 커다란 콩이 들어 있는 콩깍지도 물론 엄청나게 커요. 무려 1m도 넘는답니다! 우리가 평소에 먹는 강낭콩 꼬투리를 20배로 키운 크기라고 하면 조금 이해가 되나요?

음양자는 일본 가고시마현의 아마미오시마(奄美大島)와 오키나와현의 이리오모테지마(西表島)라는 섬에 가면 음양자가 실제로 자라는 모습을 볼 수 있어요.

이름	음양자(콩과)
크기	씨 크기 약 5cm
사촌인 식물	자운영, 칡 등

사는 곳: 아메리카부터 아시아의 아열대 지방

마음의 소리: 옛날부터 인기 짱이야!

우리는 주로 섬나라에서 자라. 그래서 예전에는 바닷물에 둥둥 떠다니다가 육지에 다다르면 사람들이 아주 소중히 다뤘다고 해. 신분이 높은 사람이 허리에 차는 약통이나 담배를 넣어두는 장식 상자로 쓰였지. 요새는 '행운의 콩'이라는 귀여운 이름으로 불리면서 행운을 뜻하는 물건이나 기념품으로 만들어지는 등 인기를 누리고 있단다.

알아 두면 좋은 이야기

네잎클로버의 아픈 과거를 아시나요

네 잎이 되는 성질은 타고나는 것이 아니에요

보물찾기 지수
80

제3장

정말 재밌는 식물들 [알아 두면 좋은 이야기 / 네잎클로버]

발견한 사람을 행복하게 해 주는 '행운의 상징'

혹시 풀밭에서 '네잎클로버'라고 하는 네 잎짜리 클로버를 찾은 적이 있나요? 막상 찾으려고 하면 눈에 잘 띄지 않아 이 풀을 찾은 사람에게 행운이 온다는 말까지 전해지기도 합니다.

원래 클로버는 잎이 3장인데 왜 어떤 클로버만 잎이 4장일까요? 확실하게 밝혀지지는 않았지만, 다음과 같은 이유일 가능성이 크다고 해요. 어떤 클로버가 아직 잎으로 자라기 전에 무언가에 부딪혀 다쳤거나 사람, 동물에게 밟혔다면, 그 클로버는 상처 때문에 잎이 1장 더 늘어나 4장이 됩니다. 상처 수에 따라 잎이 4장보다 더 많은 5~6장까지 불어날 수도 있다는 얘기지요.

현재 기네스북에 오른 '세계에서 가장 잎이 많은 클로버'에는 잎이 무려 56장이나 달려 있다고 해요! 행운의 상징이라지만 잎이 이렇게나 많으면 도리어 좀 꺼림직하게 느껴지기도 하네요.

이름	클로버(콩과)
크기	키 10~20cm
사촌인 식물	음양자, 붉은토끼풀 등
사는 곳	한국 전 지역, 일본, 유럽, 서아시아, 북아메리카

마음의 소리

생각보다 찾기 쉬워!

우리 '네잎클로버'는 마음먹고 찾으려고 하면 잘 안 보이니까, 어디를 찾아야 하는지 알려 줄게. 강이나 시냇가 풀밭처럼 사람과 동물이 많이 다니는 곳에 가 보렴. 클로버가 너무 우거져 있지 않아서 하나하나 보기도 쉽고, 우리가 숨어 있을 가능성도 크단다.

투구꽃의 맹독에는 불곰도 한 방에 쓰러진다

꽃 생김새가 로마 병사들이 쓰는 투구를 닮아서 '투구꽃'이라고 해요

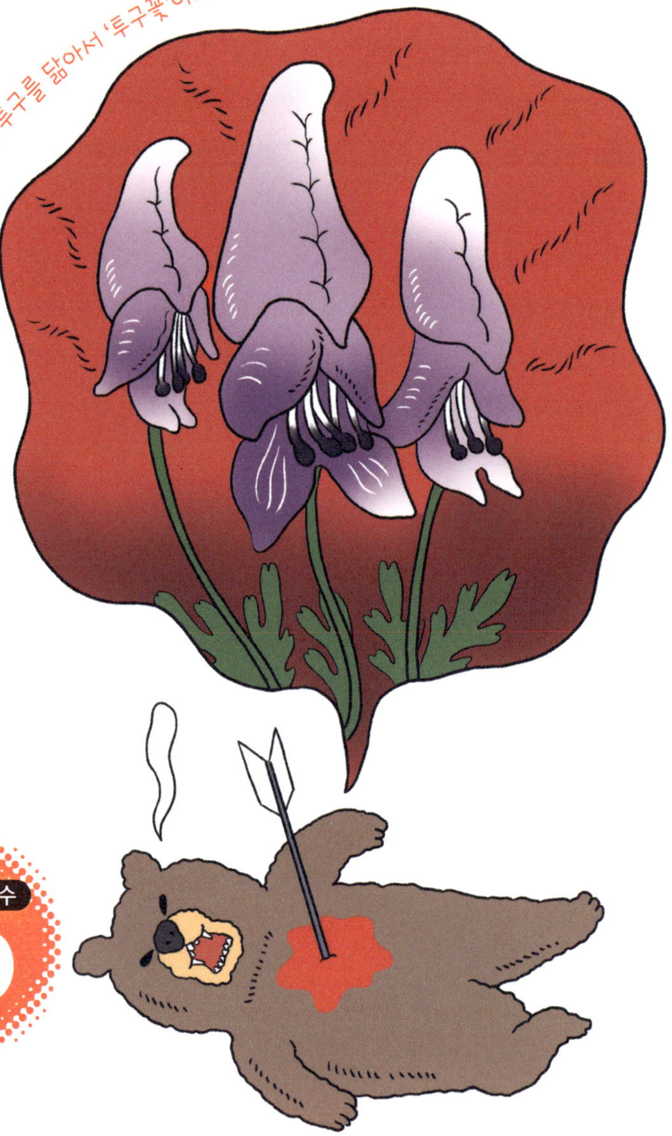

깨알 상식 지수
89

제3장

정말 재밌는 식물들 [알아 두면 좋은 이야기 / 투구꽃]

입에 대기만 해도 쓰러지고 마는 무서운 독

투구꽃은 자연에 있는 여러 독 가운데 가장 센 맹독을 지닌 식물입니다. 투구꽃의 독은 식물 중에서도 강하기로 유명한데 독성 물질인 청산가리만큼이나 세다고 해요.

혹시라도 투구꽃을 먹으면 어떻게 될까요? 먼저 구역질이 심하게 나면서 숨을 잘 쉴 수 없고 몸속 내장들도 제대로 기능을 하지 못합니다. 고작 몇십 초 사이에 죽기도 한다네요…. 또 투구꽃은 꽃가루나 꿀에도 독이 있어, 꿀벌이 이 꽃 저 꽃에서 모아 온 천연 꿀을 먹었다가 중독된 사람도 있다고 합니다.

과거 투구꽃의 독은 사냥에 쓰이기도 했습니다. 일본 홋카이도에서 살아 온 아이누 민족은 투구꽃 독을 화살촉에 발랐다고 해요. 일본에서 가장 센 육식 동물이자 키가 2m나 되는 '에조 불곰'조차 이 독화살을 맞으면 꼼짝없이 쓰러졌다고 합니다. 다행히 투구꽃의 독은 불에 약해서 사냥한 곰 고기를 굽거나 끓이면 아무 탈 없이 먹을 수 있었다고 하네요.

이름	투구꽃(미나리아재비과)
크기	줄기 길이 5cm~2m
사촌인 식물	매발톱, 외대바람꽃 등

사는 곳: 한국, 일본, 주로 북반구

마음의 소리: 아름다운 꽃에는 '독'이 있다?

후후훗…. 내 독의 무서움을 잘 알았느냐? 먼 옛날, 바다 저편에서는 나를 '죽음의 여신 헤카테의 꽃' 또는 '지옥을 지키는 개, 케르베로스의 침에서 태어난 꽃'이라고 부르기도 했다더구나. 흥, 아무리 독이 있다지만 나처럼 고운 꽃을 그렇게 표현하다니!

알아 두면 좋은 이야기

수국과 달팽이는 사실 사이가 별로 안 좋다?!

수국에는 사람에게도 좋지 않은 독이 있으니 조심해야 해요

티격태격 지수
80

제3장

정말 재밌는 식물들 [알아 두면 좋은 이야기 / 수국]

인간이 마음대로 지어낸 수국과 달팽이의 짝꿍설?!

사계절이 뚜렷한 한국에서는 철마다 여러 가지 꽃이 피어요. 6~7월에 활짝 피는 수국도 이런 제철 꽃 가운데 하나입니다. 비에 촉촉하게 젖은 푸른빛과 보랏빛 수국꽃은 초여름 장마에 축 처진 기분을 산뜻하게 바꿔 줍니다.

수국이 핀 곳에는 왠지 달팽이도 있을 것 같은데요. 수국과 달팽이는 초여름 장마를 다룬 그림이나 사진에 단골로 나오지만, 사실 이 둘의 사이는 별로 좋지 않답니다.

달팽이는 고기도 먹고 풀도 먹는 잡식성이라 나뭇잎부터 콘크리트까지 마구잡이로 먹어 치워요. 하지만 수국에는 독이 있어 대식가 달팽이도 수국은 감히 건드리지 못하지요. 따라서 달팽이가 수국을 찾아올 이유도 없고, 수국과 달팽이가 함께 있는 일 역시 드물답니다.

이름	수국(범의귀과)
크기	키 1~2m
사촌인 식물	바위수국, 병꽃나무 등
사는 곳	전국 각지, 일본, 유럽, 미국 등에서 재배

마음의 소리

흙에 따라 꽃 색깔이 바뀌어.

우리 수국은 흙 성분에 따라 꽃 색깔이 달라져. 흙이 산성이면 푸른빛이나 보랏빛, 중성이거나 약알칼리성이면 분홍빛으로 변하지.

꽃 색깔은 마음대로 고를 수 없단다.

알아 두면 좋은 이야기

단풍나무는 잎이 쓸모가 없어지면 색을 물들여 떨어트린다

겨울을 준비하는 나무의 현명한 선택

가을이 깊어지면 전국 곳곳이 단풍으로 빨갛고 노랗게 물이 듭니다. 불길처럼 강렬한 빨강, 눈부시게 빛나는 노랑으로 물든 나무들은 활짝 핀 벚꽃에도 뒤지지 않을 만큼 참 아름답지요.

이처럼 단풍은 우리 눈을 즐겁게 해 주지만, 오색으로 물든 단풍잎은 이제 쓸모가 없어진 잎들을 나무가 떠나보낸다는 마음 아픈 증거랍니다. 잎에는 '엽록소(葉綠素)'라는 녹색 색소가 있는데, 이 엽록소들은 햇빛을 받아 광합성을 한 뒤에 영양분을 만들어 나무에 보내는 일을 합니다. 그런데 가을이 깊어지면 낮이 짧아져 햇빛을 받는 시간도 줄어들지요. 광합성을 충분히 하지 못해 일감이 사라진 잎들은 이제 나무에게 귀찮은 존재일 뿐입니다. 그래서 나무는 그동안 모아 둔 물과 양분이 잎에 가지 못하도록 잎자루에서 길을 막아 버립니다. 영양분이 끊기면 잎 속의 엽록소는 부서지고 녹색은 차츰 옅어져요. 그러면 지금까지 엽록소에 가려져 있던 노란 색소나 새로 만들어진 붉은 색소가 나타나 잎이 빨갛고 노랗게 물드는 것이랍니다.

이름	단풍나무(단풍나무과)
크기	키 2~10m
사촌인 식물	고로쇠나무, 당단풍나무 등
사는 곳	전국 각지, 일본을 포함한 아시아, 유럽, 북아메리카

마음의 소리

잎 모양이 조금씩 달라!

우리는 그냥 단풍나무의 잎이나 당단풍나무의 잎이냐에 따라 모양이 조금 달라. 잎끝에서 갈라진 갯수가 다르거든. 단풍나무는 5~7개로 갈라지지만, 당단풍나무는 9~11개로 갈라져.

 알아 두면 좋은 이야기

수박은 멋져 보이려고 줄무늬 옷을 입었다

일부러 멋 부린 거라고!

멋 내기 지수
80

까만 줄무늬를 따라 씨가 모여 있어요

제3장

정말 재밌는 식물들 [알아 두면 좋은 이야기 / 수박]

힘겨운 환경에서 살아남기 위해 몸에 그려 넣은 줄무늬

어떤 식물들은 동물이나 새에게 열매를 먹인 뒤, 똥으로 씨를 퍼트립니다. 번식 영역을 넓히고 자손을 많이 남기는 방법이지요. 그리고 열매 색깔은 빨간색이나 주황색이 많은데, 이 색들은 멀리서 봐도 눈에 잘 띄어 동물들이 쉽게 열매를 찾을 수 있답니다.

조금 의외일지도 모르겠지만, 수박의 줄무늬도 이와 비슷한 이유로 생겼다고 해요. 몸에 온통 줄무늬를 그려 넣은 패션 효과로 동물과 새의 눈에 잘 띄려는 것이지요.

원래 수박은 사막에 사는 식물이었어요. 자손을 늘리고 싶어도 사막에는 씨를 옮겨 줄 동물들이 많지 않았지요. 그래서 수박은 하늘 위 새들에게도 잘 보이도록 민무늬 초록 껍질에 까만 줄을 그려 넣었다고 합니다.

이름	수박(박과)
크기	열매 크기 약 10~40cm
사촌인 식물	멜론, 수세미오이 등
사는 곳	주로 한국 남부에서 재배, 원산지는 아프리카

마음의 소리

천연 과즙으로 이루어진 스포츠 음료

너희들 혹시 아니? 우리 수박은 수분이 무려 90%나 된단다. 게다가 여러 가지 비타민, 미네랄, 당분, 아미노산까지 듬뿍 들어 있어 우리를 먹으면 한여름을 무사히 날 수 있지! 피곤할 때나 더위를 먹었을 때도 효과 만점이라 '천연 스포츠 음료'로도 불린다고.

알아 두면 좋은 이야기

잡귀를 쫓고 악마를 막는 최강 액막이 식물, 호랑가시나무

동서양 대표 액막이 식물

영등날 부적 　　크리스마스 리스 장식

액막이 지수
88

뾰족한 잎으로 호랑이의 가려운 등을 긁어 주던 나무라고도 해요

정말 재밌는 식물들 [알아 두면 좋은 이야기 / 호랑가시나무]

제3장

날카롭고 단단한 가시로 잡귀와 재앙을 물리친다!

호랑가시나무는 빳빳한 진초록빛 잎끝마다 가시가 뾰족뾰족 나 있는 식물입니다. 잎에 돋은 가시가 마치 호랑이 발톱처럼 날카롭다고 해서 호랑가시나무라는 이름이 붙었지요.

호랑가시나무 잎에 난 가시는 동물이 잎사귀를 먹지 못하게 지켜 주지만, 우리 조상들은 이 가시가 귀신을 물리치고 재앙과 질병을 막아 주는 '액막이' 역할을 한다고 믿었어요. 이런 나쁜 기운은 특히 계절이 바뀔 무렵에 심해진다고도 전해졌지요. 그래서 겨울에서 봄으로 넘어갈 즈음인 영등날(음력 2월 초하룻날)에는 이 나무의 가지에 정어리 머리를 꿰어 처마 끝에 매달기도 했답니다.

서양에서는 이 나무처럼 잎이 뾰족하고 빨간 열매를 맺는 '유럽호랑가시나무'를 귀신을 쫓는 신성한 나무로 여겨요. 잎에 돋은 가시는 예수님의 아픔, 빨간 열매는 예수님이 흘린 피를 나타낸대요. 그래서 이 나무를 크리스마스 때 장식하면 악마가 나쁜 짓을 하지 못하도록 막아 준다고 해요.

이름	호랑가시나무(감탕나무과)
크기	키 2~3m
사촌인 식물	감탕나무, 먼나무 등
사는 곳	제주도를 포함한 우리나라 남부, 일본, 대만 등

마음의 소리

할리우드는 호랑가시나무 숲이었다?

미국 영화의 상징인 '할리우드'라는 곳을 알고 있니? 할리우드를 우리말로 바꾸면 '유럽호랑가시나무 숲'이 된단다. 말은 그렇지만 실제로 할리우드에는 있던 나무는 무화과나무였어. '할리우드'는 그 지역 부동산에서 땅을 팔 때 우연히 붙인 이름이라고 해.

알아 두면 좋은 이야기

대나무는 뿌리로 길게 이어진 하나의 커다란 생물이다

귀염둥이 동물 '판다'가 즐겨 먹는 음식이에요.

대가족 지수
85

제3장

정말 재밌는 식물들 [알아 두면 좋은 이야기 / 대나무]

전통문화로 익숙한 대나무에 우리가 모르는 비밀이?!

대나무는 우리와 참 가까운 식물입니다. 옛부터 농기구나 살림살이, 공예품을 만들 때 빼놓을 수 없는 재료였지요. 요즘에는 한국과 아시아를 대표하는 문화 상징으로도 세계인에게 사랑받고 있다고 해요.

이처럼 대나무는 친근한 식물이지만, 대나무가 남다른 번식 방법을 가지고 있다는 사실까지 아는 사람은 많지 않습니다. 식물은 대부분 씨 하나하나가 각기 다른 어른 식물로 자라 번식하지만, 대나무는 주위 대나무까지 포함한 '대나무 숲' 전체가 뿌리(땅속줄기) 하나로 모두 이어진 생물이랍니다. 그래서 씨가 아니라 뿌리에서 바로 대나무의 어린순인 죽순이 올라오면서 번식하지요.

대나무도 꽃은 피지만 100~120년에 딱 한 번, 숲 전체가 한꺼번에 꽃을 피우고 꽃이 지면 숲이 모두 말라 버려요. 대나무 숲이 이런 모습으로 바뀌면 옛 사람들은 곧 재앙이 닥칠지도 모른다며 두려워했다고 합니다.

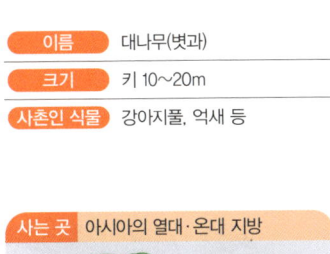

마음의 소리
대나무 숲은 지진에 강하다?

'대나무밭은 땅 표면이 튼튼하다.' 또는 '지진이 일어나면 대나무 숲으로 피하라.'라는 말이 예부터 전해지지만, 사실 모두 엉터리야. 우리는 땅속줄기를 땅 아래 얕게 뻗고 있어서 큰 지진이나 산사태가 일어나면 다 같이 쓰러지고 말아. 비탈에 있는 대나무 숲은 특히 위험하니까 절대로 들어가면 안 돼!

알아 두면 좋은 이야기

장미에게 가시가 생긴 이유

정말 재밌는 식물들 [알아 두면 좋은 이야기 / 장미]

제3장

예쁘기만 한 게 아니다! 머리까지 똑똑한 꽃의 여왕

장미는 어여쁜 색과 생김새, 물씬 풍기는 짙은 향기를 가지고 있지만 줄기 전체에 돋은 날카로운 가시로도 잘 알려진 식물입니다.

그런데 이 가시는 왜 있는 걸까요? 천적에게서 몸을 지키기 위해서라는 이야기도 있지만, 동물들은 가시가 있어도 장미를 잘만 먹어요. 특히 벌레들에게는 전혀 효과가 없답니다. 가시 따위야 있건 말건, 장미를 야금야금 먹어 치우지요. 요즘에는 장미가 다른 식물에 기대려고 가시를 만들었다는 주장도 힘을 얻고 있다고 해요.

장미는 '반 덩굴성' 식물로 줄기가 비실비실하고 힘이 없어요. 덩굴식물인 나팔꽃처럼 흐느적거리지는 않지만, 다른 식물에 기대면서 자라나지요. 이때 가시가 있으면 여기저기 걸칠 수 있어 몸을 받치는 데에 도움이 됩니다. 장미 가시를 자세히 들여다보면 거의 줄기에서 옆으로 나거나 살짝 아래로 돋아 있어요. 이 가시 덕분에 장미는 다른 식물에 기대면서 편안하게 서 있을 수 있답니다.

이름	장미(장미과)
크기	키 30cm~1.3m
사촌인 식물	딸기, 배나무 등

사는 곳: 북반구의 온대 지방 등

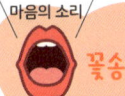 마음의 소리

꽃송이 수에도 의미가 있어

장미 꽃다발을 선물로 받으면 기분이 참 좋아. 그런데 우리는 꽃송이 수에 따라 의미가 달라지니까 조심하렴. 한 송이는 '첫눈에 반했어요', 세 송이는 '사랑 고백', 다섯 송이는 '만나서 기뻐요', 열두 송이는 '결혼해 주세요'란다! 다른 사람에게 선물하기 전에 미리 알아 두면 좋겠지?

시계꽃은 나비를 속여 몸을 지킨다

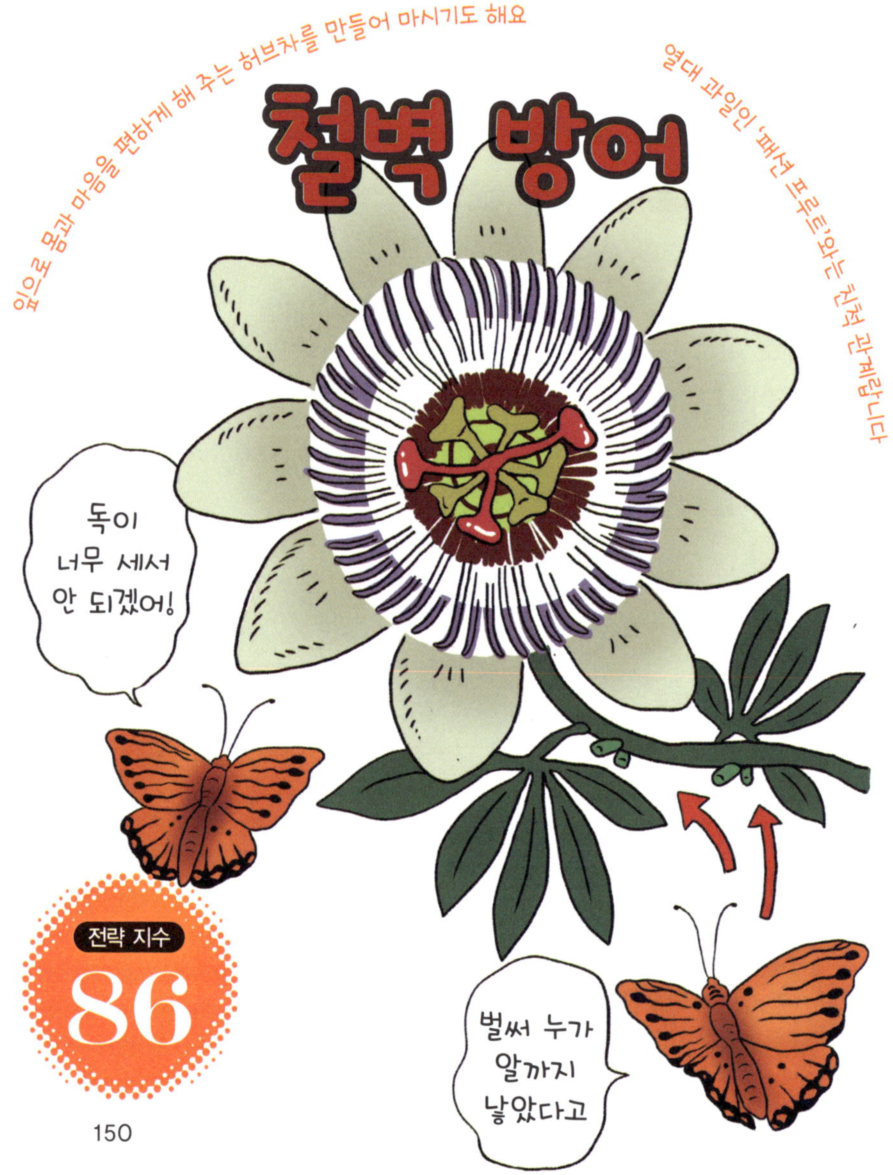

잎은 몸과 마음을 편하게 해 주는 허브차를 만들어 마시기도 해요

열대 과일인 '패션 프루트'와는 친척 관계랍니다

철벽 방어

독이 너무 세서 안 되겠어!

전략 지수 **86**

벌써 누가 알까지 낳았다고

정말 재있는 식물들 [알아 두면 좋은 이야기 / 시계꽃]

제3장

온갖 수단과 방법으로 천적에게서 몸을 지킨다

동물이나 곤충 같은 천적을 피하려고 스스로 몸에서 독을 내는 식물은 여럿 있습니다. 중남아메리카의 열대 지역이 원산지인 시계꽃도 그중 하나이지요. 시계꽃은 잎과 줄기에 '알칼로이드(Alkaloid)' 같은 독성 물질이 들어 있어 곤충 따위의 천적이 자기를 먹지 못하게 막아요.

다만 독나비 애벌레에게는 이 독이 전혀 듣지 않습니다. 이 애벌레는 시계꽃잎을 갉아 먹는 데다가, 시계꽃의 독을 자신의 몸 안에 쌓아 새 같은 천적에게서 몸을 보호하기까지 하지요.

하지만 시계꽃은 여기서 무너지지 않고 진화를 거듭했어요. 그 결과, 놀랍게도 잎과 잎자루에 독나비알과 똑같이 생긴 노란색 돌기를 만들어 냈답니다! 같은 곳에는 알을 낳지 않는 독나비의 습성을 이용한 것이지요. 이런 방법으로 시계꽃은 자기 몸을 무사히 지켜내고 있다고 해요.

- **이름**: 시계꽃(시계꽃과)
- **크기**: 키 3~6m, 꽃 크기 약 10cm
- **사촌인 식물**: 패션프루트, 아데니아글로보사
- **사는 곳**: 전 세계에서 재배하며, 원산지는 중앙아메리카, 남아메리카의 열대·아열대 지방

마음의 소리

우리 꽃이 뭐처럼 보이니?

한국 사람들 눈에는 시계로 보인다고 하지만, 서양 사람들 눈에는 십자가나 못, 왕관으로 보인다고 해.

서양에서는 '예수 그리스도 수난의 꽃'으로 불린단다.

151

알아 두면 좋은 이야기

딸기의 빨간 부분은 가짜 열매이다

이 깨알 같은 부분이 진짜 **열매**

비타민 C가 꿀의 무려 두 배! 몸에 좋은 과일이랍니다.

의외 지수 **82**

우리나라에는 100여 년 전에 처음으로 들어왔어요.

제3장

정말 재밌는 식물들 [알아 두면 좋은 이야기 / 딸기]

딸기 한 알에 감춰진 놀라운 사실

생크림 케이크에서 빼놓을 수 없는 것이 있다면? 작은 깨알들로 뒤덮인 상큼한 빨간색 열매 '딸기'입니다. 달콤한 맛과 귀여운 생김새 덕분에 많은 사랑을 받고 있지요.

혹시 딸기 겉에 콕콕 박힌 작은 씨들의 정체가 궁금하지 않았나요? 사실은 이 깨알 같은 부분이 딸기의 진짜 '열매'랍니다. 아주 작지만 그 안에 씨가 들어 있어서 땅에 뿌리면 싹이 나오고 자라서 딸기가 열려요.

그렇다면 우리가 늘 먹는 빨간 부분은 무엇일까요? 바로 딸기꽃을 받치고 있던 '꽃받침'이 변한 것이고, 꽃받침은 원래 줄기였다고 해요. 이처럼 열매처럼 생겼는데 실은 열매가 아닌 것을 '헛열매'라고 부르지요.

알고 보면 진짜 열매가 아닌 부분을 먹는 식물은 여럿 있어요. 무화과는 원래 꽃이었던 곳을, 감자는 뿌리처럼 보이지만 실은 줄기를 먹는 것이랍니다.

이름	딸기(장미과)
크기	열매 크기 약 3~6cm
사촌인 식물	장미, 복숭아 등

사는 곳 | 전국 각지에서 재배

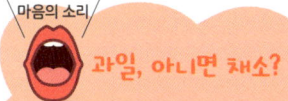

마음의 소리

과일, 아니면 채소?

가게에 가면 딸기는 보통 과일 판매장에 놓여 있어. 그동안 우리를 과일로 알고 먹지는 않았니? 하지만 한국에서 우리는 열매를 먹는 채소인 '열매 채소'에 들어가. 또 다른 열매 채소로는 앞에 나온 토마토나 수박 등이 있단다.

153

알아 두면 좋은 이야기

상처를 아물게 도와주는
피막이

작은 꽃들이 모여 한 송이를 이룬 꽃이 동그란 잎 사이사이로 피어 있어요

땅속에 뻗은 줄기!

잎을 으깨어 상처에 붙여요

도움 지수
91

154

제3장

정말 재밌는 식물들 [알아 두면 좋은 이야기 / 피막이]

상처를 낫게 해 주던 고마운 풀, 이제는 잡초가 되다?

오랜 옛날부터 사람들은 상처가 났거나 병을 치료할 때 식물을 약으로 써 왔습니다. 중국의 전통 치료법인 한방 약재, 서양의 허브처럼 말이지요.

우리나라 곳곳에서 볼 수 있는 피막이도 그러한 약초 가운데 하나입니다. 이름을 보면 알겠지만, 사람들은 이 식물에 피가 멎게 하는 성분이 있다고 믿어 상처가 나면 둥글고 반들반들한 피막이잎을 으깨어 붙였다고 해요. 지금까지 수많은 사람의 상처를 아물게 해 준 고마운 식물이지만, 번식력이 워낙 강한 탓에 이제는 잡초로 여겨져 뜰을 가꿀 때 모조리 뽑아낸다고 해요.

한편 피막이의 번식력이 도움이 되는 곳도 있어요. 산이나 언덕에 심어 땅 표면이 마르지 않게 보호하는 식물을 '그라운드 커버 플랜츠(Ground cover plants)'라고 하는데, 이 대표 식물이 바로 피막이랍니다.

같은 풀인데 언제 어디에 어떻게 쓰느냐에 따라 약이 되기도 하고 잡초가 되기도 한다니, 참 신기할 따름이네요.

이름	피막이(산형과)
크기	잎 지름 1~1.5cm
사촌인 식물	야레타, 미나리 등
사는 곳	제주도를 비롯한 우리나라 남부 지방

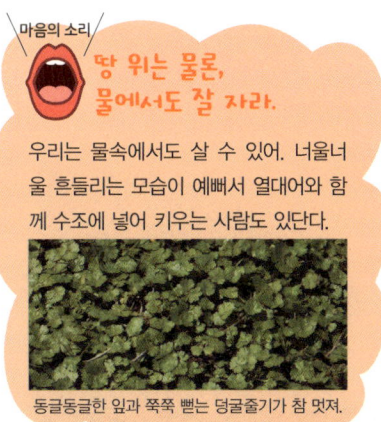

마음의 소리
땅 위는 물론, 물에서도 잘 자라.

우리는 물속에서도 살 수 있어. 너울너울 흔들리는 모습이 예뻐서 열대어와 함께 수조에 넣어 키우는 사람도 있단다.

동글동글한 잎과 쭉쭉 뻗는 덩굴줄기가 참 멋져.

알아 두면 좋은 이야기

수선화는 정말 자신과 사랑에 빠진 '나르시시스트'일까?

자신과 사랑에 빠진
어여쁜 소년의 전설에서 비롯한 꽃 이름

'나르시시스트'란 자기를 몹시 아끼는 사람, 곧 나를 너무나도 사랑하는 사람을 말해요. 언제나 자신감이 넘치고 '너무 멋진 거 아니야?'라는 생각을 하며 거울 속 자기 모습에 푹 빠져 있지요. 그런데 이 나르시시스트라는 말은 수선화의 학명인 '나르키소스(Narcissus)'에서 왔답니다.

나르키소스는 그리스 신화에 나오는 아리따운 소년의 이름이기도 해요. 어느 날 나르키소스는 물 위에 비친 어여쁜 소년을 보고 그만 사랑에 빠집니다. 하지만 그 소년은 다름 아닌 자기 자신이었지요. 이루어질 수 없는 사랑에 시름시름 앓던 나르키소스는 결국 숨을 거두고 말아요. 그 죽은 자리에 핀 꽃이 바로 수선화였다고 합니다.

수선화의 꽃말은 '자기 사랑'과 '자존심'이에요. 물속을 들여다보듯 몸을 기울인 채 물가에 피어난 수선화 모습을 보고 지은 말이라고 해요.

이름	수선화(수선화과)
크기	키 10~50cm
사촌인 식물	석산, 파 등

사는 곳	지중해 연안, 우리나라 남부, 일본, 아시아 중부

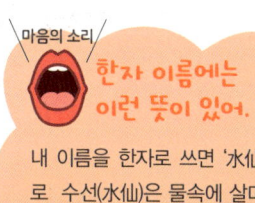

마음의 소리
한자 이름에는 이런 뜻이 있어.

내 이름을 한자로 쓰면 '水仙花'야. 참고로 수선(水仙)은 물속에 살며 자연을 벗 삼아 사는 상상의 사람을 말한다고 해.

맑고 깨끗한 생김새가 이름 그대로래.

알아 두면 좋은 이야기

코스모스는 우주와 관련된 이름이다

조화롭고 잘 서 있는 코스모스와 우주

꽃과 이름의 모든 것이 서로 잘 어우러져 있어요

신비 지수
88

정말 재밌는 식물들 [알아 두면 좋은 이야기 / 코스모스]

제3장

드넓고 깊은 뜻이 꽃 이름에 담긴 까닭은 무엇일까?

여러분은 자기 이름에 어떤 뜻이 담겨 있는지 들어 본 적이 있나요? 세상 모든 이름에는 그 사람이나 물건에 관한 생각이 담겨 있기 마련이지요.

가을이 다가오면 분홍빛, 보랏빛 코스모스가 피기 시작합니다. 이 코스모스는 바람에 살살 흔들린다고 해서 '살살이꽃'이라는 우리말로 부르기도 하지만, 영어 이름인 코스모스로 많이 불려요. 그리고 이 '코스모스'에는 아주 멋진 뜻이 있답니다.

코스모스(Cosmos)는 질서, 조화, 아름다움이라는 뜻을 가진 그리스어 'Kosmos'에서 온 이름입니다. 나란히 어우러진 아름다운 꽃잎을 보고 붙인 이름이라고 해요. 물론 꽃말에 '조화'라는 뜻도 있답니다.

코스모스라는 이름에는 뜻이 하나 더 있는데, 바로 '우주'입니다. 수많은 별이 가지런하게 조화를 이룬 우주의 모습을 보고 코스모스라고 부르게 되었다고 하네요. 고운 코스모스 꽃과 드넓은 우주는 이처럼 신비로운 이름의 고리로 이어져 있답니다.

이름	코스모스(국화과)
크기	키 1.5~2m
사촌인 식물	돼지풀, 민들레 등
사는 곳	전국 각지, 일본, 원산지는 열대 아메리카

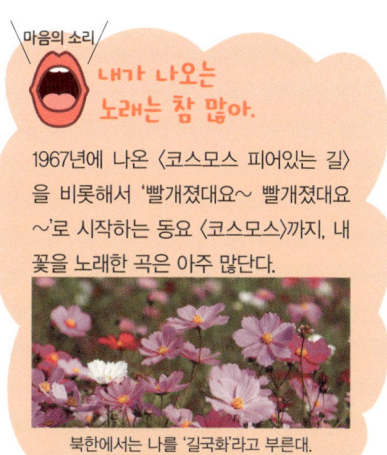

마음의 소리
내가 나오는 노래는 참 많아.

1967년에 나온 〈코스모스 피어있는 길〉을 비롯해서 '빨개졌대요~ 빨개졌대요~'로 시작하는 동요 〈코스모스〉까지, 내 꽃을 노래한 곡은 아주 많단다.

북한에서는 나를 '길국화'라고 부른대.

도움받은 책

《의외로 수상한 식물도감》(스가와라 히사오 감수, 주니어김영사, 2020)

《싸우는 식물 : 속이고 이용하고 동맹을 통해 생존하는 식물들의 놀라운 투쟁기》(이나가키 히데히로, 더숲, 2018)

《재밌어서 밤새 읽는 식물학 이야기》(이나가키 히데히로, 더숲, 2019)

《무서워서 밤새 읽는 식물학》(이나가키 히데히로 씀, PHP연구소)

《세계의 식충식물》(일본식충식물연구회 씀, 세이분도신코샤)

《세계 개구리 대도감(원제:Reptiles & Amphibians)》(팀 할러데이 씀, 가시와쇼보)

《세상에서 가장 멋진 꽃과 푸나무 교실》(이나가키 히데히로 감수, 산사이북스)

《식물 생태 도감(대자연의 신비)》(다다 다에코 외 씀, 각켄플러스)

《알고 보면 무서운 식물도감》(고바야시 마사아키 감수, 오이즈미쇼텐)

《이것만은 꼭 시리즈(22) 식물 상식》(다카하시 히데오 감수, 포플러샤)

《지식 제로부터 시작하는 식물의 신비》(이나가키 히데히로 씀, 겐토샤)

《재밌어서 밤새 읽는 식물학 이야기》(이나가키 히데히로 감수, 니혼분게이샤)

※이 밖에도 책과 웹사이트 등을 여럿 참고하였습니다.

찾아보기

ㄱ
가는살갈퀴 58
강털소나무 126
검은박쥐꽃 50
계요등 40
귤 46

ㄴ
네잎클로버 134
네펜데스라자 88
네펜데스앰퓰라리아 60

ㄷ
단풍나무 140
대나무 146
독보리 80
딸기 152
땅귀개샌더소니 76

ㄹ
레움노빌레 28
로마네스코브로콜리 16
리톱스 92

ㅁ
말똥비름 114
맨드레이크 18
무 118
미누티시마 90
미모사 102

ㅂ
반하 20
베고니아파보니나 32
부레옥잠 36

ㅅ
사우스레아고시피포라 26
사이코트리아엘라타 124

산뱀딸기 112
선인장 54
세쿼이아 128
소크라테아엑소리자 98
수국 138
수박 142
수선화 156
스웨인소나포르모사 48
스칼레시아 64
스쿼팅오이 70
시계꽃 150
시클라멘 106

ㅇ

악마의 발톱 66
알소미트라마크로카르파 68
야레타 72
양미역취 78
양배추 122
울레미소나무 74
유리보석옥수수 84
음양자 132

이엽시과 120

ㅈ

자운영 24
자이언트라플레시아 44
장미 148
족도리풀 34
쥐방울덩굴 38
질경이 56

ㅊ

천남성 22
칡 100

ㅋ

칼란드리니아 94
캐롤라이나리퍼 130
코스모스 158
큰개불알풀 108

ㅌ

타이탄아룸 42

털별꽃아재비 110

토마토 116

통발 86

투구꽃 136

ㅍ

파리지옥 96

피막이 154

ㅎ

해머오키드 82

호랑가시나무 144

휘파람가시나무 52

히비스커스 30

술술 읽다 보면 오늘부터 식물 박사
깜짝 놀랐지? 신기하고 재미있는 식물 도감

초판 1쇄 발행 2023년 12월 15일

감수 이나가키 히데히로(稲垣栄洋)
그림 가니 멤마(蟹めんま)
옮긴이 심수정
펴낸이 민혜영
펴낸곳 (주)카시오페아 출판사
주소 서울시 마포구 월드컵북로 402, 906호(상암동 KGIT센터)
전화 02-303-5580 | **팩스** 02-2179-8768
홈페이지 www.cassiopeiabook.com | **전자우편** editor@cassiopeiabook.com
출판등록 2012년 12월 27일 제2014-000277호

ISBN 979-11-6827-158-6   76480

기획·편집·구성 주식회사 라이브(株式会社 ライブ)/다케노우치 다이스케(竹之内大輔)/
       하타케야마 요시후미(畠山欣文)
집필 아오키 아키라(青木聡)/엔도 게이코(遠藤圭子)/데라무라 가즈야(寺村一也)/
    무라타 가즈나리(村田一成)
디자인 간스이 구미코(寒水久美子)
DTP 주식회사 라이브(株式会社 ライブ)

이 책은 저작권법에 따라 보호받는 저작물이므로 무단 전재와 무단 복제를 금지하며,
이 책의 전부 또는 일부를 이용하려면 반드시 저작권자와 (주)카시오페아 출판사의
서면 동의를 받아야 합니다.

• 잘못된 책은 구입하신 곳에서 바꿔 드립니다.
• 책값은 뒤표지에 있습니다.